„BÜCHER SIND WIE FALLSCHIRME. SIE NÜTZEN UNS NICHTS, WENN WIR SIE NICHT ÖFFNEN."

Gröls Verlag

Redaktionelle Hinweise und Impressum

Das vorliegende Werk wurde zugunsten der Authentizität sehr zurückhaltend bearbeitet. So wurden etwa ursprüngliche Rechtschreibfehler *nicht* systematisch behoben, denn kleine Unvollkommenheiten machen das Buch – wie im Übrigen den Menschen – erst authentisch. Mitunter wurden jedoch zum Beispiel Absätze behutsam neu getrennt, um den Lesefluss zu erleichtern.

Um die Texte zu rekonstruieren, werden antiquarische Bücher von Lesegeräten gescannt und dann durch eine Software lesbar gemacht. Der so entstandene Text wird von Menschen gegengelesen und korrigiert – hierbei treten auch Fehler auf. Wenn Sie ebenfalls antiquarische Texte einreichen möchten, finden Sie weitere Informationen auf www.groels.de

Viel Freude bei der Lektüre wünscht Ihnen das Team des Gröls-Verlags.

Adressen

Verleger: Sophia Gröls, Im Borngrund 26, 61440 Oberursel

Externer Dienstleister für Distribution & Herstellung: BoD, In de Tarpen 42, 22848 Norderstedt

Unsere „Edition | Werke der Weltliteratur“ hat den Anspruch, eine der größten und vollständigsten Sammlungen klassischer Literatur in deutscher Sprache zu sein. Nach und nach versammeln wir hier nicht nur die „üblichen Verdächtigen“ von Goethe bis Schiller, sondern auch Kleinode der vergangenen Jahrhunderte, die – zu Unrecht – drohen, in Vergessenheit zu geraten. Wir kultivieren und kuratieren damit einen der wertvollsten Bereiche der abendländischen Kultur. Kleine Auswahl:

Francis Bacon • Neues Organon • **Balzac** • Glanz und Elend der Kurtisanen • **Joachim H. Campe** • Robinson der Jüngere • **Dante Alighieri** • Die Göttliche Komödie • **Daniel Defoe** • Robinson Crusoe • **Charles Dickens** • Oliver Twist • **Denis Diderot** • Jacques der Fatalist • **Fjodor Dostojewski** • Schuld und Sühne • **Arthur Conan Doyle** • Der Hund von Baskerville • **Marie von Ebner-Eschenbach** • Das Gemeindekind • **Elisabeth von Österreich** • Das Poetische Tagebuch • **Friedrich Engels** • Die Lage der arbeitenden Klasse • **Ludwig Feuerbach** • Das Wesen des Christentums • **Johann G. Fichte** • Reden an die deutsche Nation • **Fitzgerald** • Zärtlich ist die Nacht • **Flaubert** • Madame Bovary • **Gorch Fock** • Seefahrt ist not! • **Theodor Fontane** • Effi Briest • **Robert Musil** • Über die Dummheit • **Edgar Wallace** • Der Frosch mit der Maske • **Jakob Wassermann** • Der Fall Maurizius • **Oscar Wilde** • Das Bildnis des Dorian Grey • **Émile Zola** • Germinal • **Stefan Zweig** • Schachnovelle • **Hugo von Hofmannsthal** • Der Tor und der Tod • **Anton Tschechow** • Ein Heiratsantrag • **Arthur Schnitzler** • Reigen • **Friedrich Schiller** • Kabale und Liebe • **Nicolo Machiavelli** • Der Fürst • **Gotthold E. Lessing** • Nathan der Weise • **Augustinus** • Die Bekenntnisse des heiligen Augustinus • **Marcus Aurelius** • Selbstbetrachtungen • **Charles Baudelaire** • Die Blumen des Bösen • **Harriett Stowe** • Onkel Toms Hütte • **Walter Benjamin** • Deutsche Menschen • **Hugo Bettauer** • Die Stadt ohne Juden • **Lewis Caroll** • *und viele mehr….*

Friedrich Schiller

Die Räuber

Ein Schauspiel

Inhalt

Personen:

Maximilian, regierender Graf von Moor.
Karl und Franz, seine Söhne.
Amalia von Edelreich.
Spiegelberg, Schweizer, Grimm, Razmann,
Schufterle, Roller, Kosinsky und Schwarz, Libertiner, nachher Banditen.
Hermann, Bastard von einem Edelmann.
Daniel, Hausknecht des Grafen von Moor.
Pastor Moser.
Ein Pater.
Räuberbande.
Nebenpersonen.
Der Ort der Geschichte ist Deutschland. Die Zeit ohngefähr 2 Jahre.

Erster Akt

Erste Scene

Franken

Saal im Moorischen Schloß. **Franz. Der alte Moor.**

Franz. Aber ist Euch auch wohl, Vater? Ihr seht so blaß.

D. a. Moor. Ganz wohl, mein Sohn, – was hattest du mir zu sagen?

Franz. Die Post ist angekommen – ein Brief von unserm Correspondenten in Leipzig –

D. a. Moor *(begierig).* Nachrichten von meinem Sohne Karl?

Franz. Hm! Hm! – So ist es. Aber ich fürchte – ich weiß nicht – ob ich – Eurer Gesundheit? – Ist Euch wirklich ganz wohl, mein Vater?

D. a. Moor. Wie dem Fisch im Wasser! Von meinem Sohne schreibt er? – Wie kommst du zu dieser Besorgniß? Du hast mich zweimal gefragt.

Franz. Wenn Ihr krank seid – nur die leiseste Ahnung habt, es zu werden, so laßt mich – ich will zu gelegenerer Zeit zu Euch reden. *(Halb zu sich.)* Diese Zeitung ist nicht für einen zerbrechlichen Körper.

D. a. Moor. Gott! Gott! was werd' ich hören?

Franz. Laßt mich vorerst auf die Seite gehn und eine Thräne des Mitleids vergießen um meinen verlornen Bruder – ich sollte schweigen auf ewig – denn er ist Euer Sohn; ich sollte seine Schande verhüllen auf ewig – denn er ist mein Bruder. – Aber Euch gehorchen, ist meine erste, traurige Pflicht – darum vergebt mir.

D. a. Moor. O Karl! Karl! wüßtest du, wie deine Aufführung das Vaterherz foltert! wie eine einzige frohe Nachricht von dir meinem Leben zehn Jahre zusetzen würde – mich zum Jüngling machen würde – da mich nun jede, ach! – einen Schritt näher ans Grab rückt!

Franz. Ist es Das, alter Mann, so lebt wohl – wir alle würden noch heute die Haare ausraufen über Eurem Sarge.

D. a. Moor. Bleib! – Es ist noch um den kleinen kurzen Schritt zu thun – laß ihm seinen Willen! *(Indem er sich niedersetzt.)* Die Sünden seiner Väter werden heimgesucht im dritten und vierten Glied – laß ihn's vollenden.

Franz *(nimmt den Brief aus der Tasche).* Ihr kennt unsern Correspondenten! Seht! den Finger meiner rechten Hand wollt' ich drum geben, dürft' ich sagen, er ist ein Lügner, ein schwarzer, giftiger Lügner – – Faßt Euch! Ihr vergebt mir, wenn ich Euch den Brief nicht selbst lesen lasse – Noch dürft Ihr nicht Alles hören.

D. a. Moor. Alles, Alles – mein Sohn, du ersparst mir die Krücke.

Franz *(liest).* "Leipzig, vom 1sten Mai. – Verbände mich nicht eine unverbrüchliche Zusage, dir auch nicht das Geringste zu verhehlen, was ich von den Schicksalen deines Bruders auffangen kann, liebster Freund, nimmermehr würde meine unschuldige Feder an dir zur Tyrannin geworden sein. Ich kann aus hundert Briefen von dir abnehmen, wie Nachrichten dieser Art dein brüderliches Herz durchbohren müssen; mir ist's, als säh' ich dich schon um den Nichtswürdigen, den Abscheulichen" – – *(Der alte Moor verbirgt sein Gesicht.)* Seht, Vater! ich lese Euch nur das Glimpflichste – „den Abscheulichen in tausend Thränen ergossen;" – Ach, sie flossen – stürzten stromweis von dieser mitleidigen Wange – „mir ist's, als säh' ich schon deinen alten, frommen Vater todtenbleich" – Jesus Maria! Ihr seid's, eh' ihr noch das Mindeste wisset?

D. a. Moor. Weiter! Weiter!

Franz. – „todtenbleich in seinen Stuhl zurücktaumeln und dem Tage fluchen, an dem ihm zum erstenmal *Vater* entgegengestammelt ward. Man hat mir nicht Alles entdecken mögen, und von dem Wenigen, das ich weiß, erfährst du nur Weniges. Dein Bruder scheint nun das Maß seiner Schande erfüllt zu haben; ich wenigstens kenne nichts über dem, was er wirklich erreicht hat, wenn nicht sein Genie das meinige hierin übersteigt. Gestern um Mitternacht hatte er den großen Entschluß, nach vierzigtausend Ducaten Schulden" – ein hübsches Taschengeld, Vater – „nachdem er zuvor die Tochter eines reichen Bankiers allhier entjungfert und ihren Galan, einen braven Jungen von Stand, im Duell auf den Tod verwundet, mit sieben Andern, die er mit in sein Luderleben gezogen, dem Arm der Justiz zu entlaufen." – Vater! Um Gotteswillen! Vater, wie wird Euch?

D. a. Moor. Es ist genug. Laß ab, mein Sohn!

Franz. Ich schone Eurer – „Man hat ihm Steckbriefe nachgeschickt, die Beleidigten schreien laut um Genugthuung, ein Preis ist auf seinen Kopf gesetzt – der Name Moor" – Nein! meine armen Lippen sollen nimmermehr einen Vater ermorden! *(Zerreißt den Brief.)* Glaubt es nicht, Vater! glaubt ihm keine Silbe!

D. a. Moor *(weint bitterlich)*. Mein Name! Mein ehrlicher Name!

Franz *(fällt ihm um den Hals.)* Schändlicher, dreimal schändlicher Karl! Ahnete mir's nicht, da er, noch ein Knabe, den Mädels so nachschlenderte, mit Gassenjungen und elendem Gesindel auf Wiesen und Wegen sich herumhetzte, den Anblick der Kirche, wie ein Missethäter das Gefängniß, floh und die Pfennige, die er Euch abquälte, dem ersten dem besten Bettler in den Hut warf, während daß wir daheim mit frommen Gebeten und heiligen Predigtbüchern uns erbauten? – Ahnete mir's nicht, da er die Abenteuer des Julius Cäsar und Alexander Magnus und anderer stockfinsterer Heiden lieber las, als die Geschichte des bußfertigen Tobias? – Hundertmal hab' ich's Euch geweissagt, denn meine Liebe zu ihm war immer in den Schranken der kindlichen Pflicht – der Junge wird uns alle noch in Elend und Schande stürzen! – O, daß er Moors Namen nicht trüge! daß mein Herz nicht so warm für ihn schlüge! Die gottlose Liebe, die ich nicht vertilgen kann, wird mich noch einmal vor Gottes Richterstuhl anklagen.

D. a. Moor. Oh – meine Aussichten! Meine goldenen Träume!

Franz. Das weiß ich wohl. Das ist es ja, was ich eben sagte. Der feurige Geist, der in dem Buben lodert, sagtet Ihr immer, der ihn für jeden Reiz von Größe und Schönheit so empfindlich macht, – diese Offenheit, die seine Seele auf dem Auge spiegelt, – diese Weichheit des Gefühls, die ihn bei jedem Leiden in weinende Sympathie dahinschmelzt, – dieser männliche Muth, der ihn auf den Wipfel hundertjähriger Eichen treibet und über Gräben und Palissaden und reißende Flüsse jagt, – dieser kindliche Ehrgeiz, dieser unüberwindliche Starrsinn und alle diese schönen glänzenden Tugenden, die im Vatersöhnchen keimten, werden ihn dereinst zu einem warmen Freund eines Freundes, zu einem trefflichen Bürger, zu einem Helden, zu einem *großen, großen* Manne machen. – Seht Ihr's nun, Vater! – der feurige Geist hat sich entwickelt, ausgebreitet, herrliche Früchte hat er getragen. Seht diese Offenheit, wie hübsch sie sich zur Frechheit herumgedreht hat! sehet diese Weichheit, wie zärtlich sie für Koketten girret, wie so empfindsam für die Reize einer Phryne! Seht dieses feurige Genie, wie es das Öl seines Lebens in sechs Jährchen so rein weggebrannt hat, daß er bei lebendigem Leibe umgeht, und da kommen die Leute und sind so unverschämt und sagen: c'est l'amour qui a fait ça! Ah! seht doch diesen kühnen, unternehmenden Kopf, wie er Plane schmiedet und ausführt, vor denen die Heldenthaten eines Cartouches und Howards verschwinden! – Und wenn erst diese prächtigen Keime zur vollen Reife erwachsen – was läßt sich auch von einem so zarten Alter Vollkommenes erwarten? – Vielleicht, Vater, erlebt Ihr noch die Freude, ihn an der Fronte eines Heeres zu erblicken, das in der heiligen Stille der Wälder residieret und dem müden Wanderer seine Reise um die Hälfte der Bürde erleichtert – vielleicht könnt Ihr noch, eh Ihr zu Grabe geht, eine Wallfahrt nach seinem Monumente thun, das er sich zwischen Himmel und Erden errichtet – vielleicht, o Vater, Vater, Vater – seht Euch nach einem andern Namen um, sonst deuten Krämer und Gassenjungen mit Fingern auf Euch, die Euren Herrn Sohn auf dem Leipziger Marktplatz im Portrait gesehen haben.

D. a. Moor. Und auch du, mein Franz, auch du? O meine Kinder! wie sie nach meinem Herzen zielen!

Franz. Ihr seht, ich kann auch witzig sein, aber mein Witz ist Skorpionstich. – Und dann der trockne Alltagsmensch, der kalte, hölzerne Franz, und wie die Titelchen alle heißen mögen, die Euch der Contrast zwischen ihm und mir mocht' eingegeben haben, wenn er Euch auf dem Schooße saß, oder in die Backen zwickte – der wird einmal zwischen seinen Grenzsteinen sterben und modern und vergessen werden, wenn der Ruhm dieses Universalkopfs von einem Pole zum andern fliegt – Ha! mit gefaltnen Händen dankt dir, o Himmel! der kalte, trockne, hölzerne Franz – daß er nicht ist, wie dieser!

D. a. Moor. Vergib mir, mein Kind; zürne nicht auf einen Vater, der sich in seinen Planen betrogen findet. Der Gott, der mir durch Karln Thränen zusendet, wird sie durch dich, mein Franz, aus meinen Augen wischen.

Franz. Ja, Vater, aus Euren Augen soll er sie wischen. Euer Franz wird sein Leben dran setzen, das Eurige zu verlängern. Euer Leben ist das Orakel, das ich vor Allem zu Rathe ziehe über Dem, was ich thun will; der Spiegel, durch den ich Alles betrachte – keine Pflicht ist mir so heilig, die ich nicht zu brechen bereit bin, wenn's um Euer kostbares Leben zu thun ist. – Ihr glaubt mir das?

D. a. Moor. Du hast noch große Pflichten auf dir, mein Sohn – Gott segne dich für Das, was du mir warst und sein wirst!

Franz. Nun sagt mir einmal – wenn Ihr diesen Sohn nicht den Euren nennen müßtet, Ihr wär't ein glücklicher Mann?

D. a. Moor. Stille! o stille! da ihn die Wehmutter mir brachte, hub ich ihn gen Himmel und rief: Bin ich nicht ein glücklicher Mann?

Franz. Das sagtet ihr. Nun, habt Ihr's gefunden? Ihr beneidet den schlechtesten Eurer Bauern, daß er nicht Vater ist zu diesem – Ihr habt Kummer, so lang Ihr diesen Sohn habt. Dieser Kummer wird wachsen mit Karln. Dieser Kummer wird Euer Leben untergraben.

D. a. Moor. Oh! er hat mich zu einem achtzigjährigen Manne gemacht.

Franz. Nun also – wenn Ihr dieses Sohnes Euch entäußertet?

D. a. Moor *(auffahrend)*. Franz! Franz! was sagst du?

Franz. Ist es nicht diese Liebe zu ihm, die Euch all den Gram macht? Ohne diese Liebe ist er für Euch nicht da. Ohne diese strafbare, diese verdammliche Liebe ist er Euch gestorben – ist er Euch nie geboren. Nicht Fleisch und Blut, das Herz macht uns zu Vätern und Söhnen. Liebt Ihr ihn nicht mehr, so ist diese Abart auch Euer Sohn nicht mehr, und wär' er aus Eurem Fleische geschnitten. Er ist Euer Augapfel gewesen bisher; nun aber, ärgert dich dein Auge, sagt die Schrift, so reiß es aus. Es ist besser, einäugig gen Himmel, als mit zwei Augen in die Hölle. Es ist besser, kinderlos gen Himmel, als wenn Beide, Vater und Sohn, in die Hölle fahren. So spricht die Gottheit.

D. a. Moor. Du willst, ich soll meinen Sohn verfluchen?

Franz. Nicht doch! nicht doch! – Euren Sohn sollt Ihr nicht verfluchen. Was heißt Ihr Euren Sohn? – dem Ihr das Leben gegeben habt, wenn er sich auch alle ersinnliche Mühe gibt, das Eurige zu verkürzen?

D. a. Moor. Oh, das ist allzuwahr! das ist ein Gericht über mich. Der Herr hat's ihm geheißen.

Franz. Seht Ihr's, wie kindlich Euer Busenkind an Euch handelt. Durch Eure väterliche Theilnehmung erwürgt er Euch, mordet Euch durch Eure Liebe, hat Euer Vaterherz selbst bestochen, Euch den Garaus zu machen. Seid Ihr einmal nicht mehr, so ist er Herr Eurer Güter, König seiner Triebe. Der Damm ist weg; und der Strom seiner Lüste kann jetzt freier dahin brausen. Denkt Euch einmal an seine Stelle! Wie oft muß er den Vater unter die Erde wünschen – wie oft den Bruder – die ihm im Lauf seiner Excesse so unbarmherzig im Weg stehen? Ist das aber Liebe gegen Liebe? ist das kindliche Dankbarkeit gegen väterliche Milde, wenn er dem geilen Kitzel eines Augenblicks zehn Jahre Eures Lebens aufopfert? wenn er den Ruhm seiner Väter, der sich schon sieben Jahrhunderte unbefleckt erhalten hat, in einer wollüstigen Minute aufs Spiel setzt? Heißt Ihr das Euren Sohn? Antwortet! heißt Ihr das einen Sohn?

D. a. Moor. Ein unzärtliches Kind! ach! aber mein Kind doch! mein Kind doch!

Franz. Ein allerliebstes, köstliches Kind, dessen ewiges Studium ist, keinen Vater zu haben – O daß Ihr's begreifen lerntet! daß Euch die Schuppen fielen vom Auge! Aber Eure Nachsicht muß ihn in seinen Liederlichkeiten befestigen, Euer Vorschub ihnen Rechtmäßigkeit geben. Ihr werdet freilich den freilich von seinem Haupte laden; auf Euch, Vater, auf Euch wird der Fluch der Verdammniß fallen.

D. a. Moor. Gerecht! sehr gerecht! – Mein, mein ist alle Schuld!

Franz. Wie viele Tausende, die voll sich gesoffen haben vom Becher der Wollust, sind durch Leiden gebessert worden! Und ist nicht der körperliche Schmerz, der jedes Übermaß begleitet, ein Fingerzeig des göttlichen Willens? Sollte ihn der Mensch durch seine grausame Zärtlichkeit verkehren? Soll der Vater das ihm anvertraute Pfand auf ewig zu Grunde richten? – Bedenkt, Vater, wenn Ihr ihn seinem Elend auf einige Zeit preisgeben werdet, wird er nicht entweder umkehren müssen und sich bessern? oder er wird auch in der großen Schule des Elends ein Schurke bleiben, und dann – wehe dem Vater, der die Rathschlüsse einer höheren Weisheit durch Verzärtlung zernichtet! – Nun, Vater?

D. a. Moor. Ich will ihm schreiben, daß ich meine Hand von ihm wende.

Franz. Da thut Ihr recht und klug daran.

D. a. Moor. Daß er nimmer vor meine Augen komme.

Franz. Das wird eine heilsame Wirkung thun.

D. a. Moor *(zärtlich)*. Bis er anders worden!

Franz. Schon recht! schon recht – Aber, wenn er nun kommt mit der Larve des Heuchlers, Euer Mitleid erweint, Eure Vergebung sich erschmeichelt und morgen hingeht und Eurer Schwachheit spottet im Arm seiner Huren? – Nein, Vater! Er wird freiwillig wiederkehren, wenn ihn sein Gewissen rein gesprochen hat.

D. a. Moor. So will ich ihm das auf der Stelle schreiben.

Franz. Halt! noch ein Wort, Vater! Eure Entrüstung, fürchte ich, möchte Euch zu harte Worte in die Feder werfen, die ihm das Herz zerspalten würden – und dann – glaubt Ihr nicht, daß er das schon für Verzeihung nehmen werde, wenn Ihr ihn noch eines eigenhändigen Schreibens werth haltet? Darum wird's besser sein, Ihr überlaßt das Schreiben mir.

D. a. Moor. Thu das, mein Sohn. – Ach, es hätte mir doch das Herz gebrochen! Schreib ihm – –

Franz *(schnell)*. Dabei bleibt's also?

D. a. Moor. Schreib ihm, daß ich tausend blutige Thränen, tausend schlaflose Nächte – aber bring meinen Sohn nicht zur Verzweiflung!

Franz. Wollt Ihr Euch nicht zu Bette legen, Vater? Es griff Euch hart an.

D. a. Moor. Schreib ihm, daß die väterliche Brust – Ich sage dir, bring meinen Sohn nicht zur Verzweiflung! *(Geht traurig ab.)*

Franz *(mit Lachen ihm nachsehend)*. Tröste dich, Alter! du wirst ihn nimmer an diese Brust drücken; der Weg dazu ist ihm verrammelt, wie der Himmel der Hölle – Er war aus deinen Armen gerissen, ehe du wußtest, daß du es wollen könntest – Da müßt' ich ein erbärmlicher Stümper sein, wenn ich's nicht einmal so weit gebracht hätte, einen Sohn vom Herzen des Vaters loszulösen, und wenn er mit ehernen Banden daran geklammert wäre – Ich hab' einen magischen Kreis von Flüchen um dich gezogen, den er nicht überspringen soll – Glück zu, Franz! weg ist das Schooßkind – der Wald ist heller. Ich muß diese Papiere vollends aufheben, wie leicht könnte Jemand meine Handschrift kennen? *(Er liest die zerrissenen Briefstücke zusammen.)* Und Gram wird auch den Alten bald fortschaffen, – und ihr muß ich diesen Karl aus dem Herzen reißen, wenn auch ihr halbes Leben dran hängen bleiben sollte.

Ich habe große Rechte, über die Natur ungehalten zu sein, und bei meiner Ehre, ich will sie geltend machen. – Warum bin ich nicht der Erste aus Mutterleib gekrochen? warum nicht der Einzige? Warum mußte sie mir diese Bürde von Häßlichkeit aufladen? gerade mir? Nicht anders, als ob sie bei meiner Geburt einen Rest gesetzt hätte.

Warum gerade mir die Lappländersnase? gerade mir dieses Mohrenmaul? diese Hottentottenaugen? Wirklich, ich glaube, sie hat von allen Menschensorten das Scheußliche auf einen Haufen geworfen und mich daraus gebacken. Mord und Tod! Wer hat ihr die Vollmacht gegeben, jenem dieses zu verleihen und mir vorzuenthalten? Könnte ihr Jemand darum hofieren, eh er entstund? oder sie beleidigen, eh er selbst wurde? Warum ging sie so parteilich zu Werke?

Nein! nein! ich thu' ihr Unrecht. Gab sie uns doch Erfindungsgeist mit, setzte uns nackt und armselig ans Ufer dieses großen Oceans *Welt* – Schwimme, wer schwimmen kann, und wer zu plump ist, geh unter! Sie gab mir nichts mit; wozu ich mich machen will, das ist nun meine Sache. Jeder hat gleiches Recht zum Größten und Kleinsten; Anspruch wird an Anspruch, Trieb an Trieb und Kraft an Kraft zernichtet. Das Recht wohnet beim Überwältiger, und die Schranken unserer Kraft sind unsere Gesetze.

Wohl gibt es gewisse gemeinschaftliche Pacta, die man geschlossen hat, die Pulse des Weltzirkels zu treiben. Ehrlicher Name! – wahrhaftig eine reichhaltige Münze, mit der sich meisterlich schachern läßt, wer's versteht, sie gut auszugeben. Gewissen – o ja, freilich! ein tüchtiger Lumpenmann, Sperlinge von Kirschbäumen wegzuschrecken! – auch das ein gut geschriebener Wechselbrief, mit dem auch der Bankerottierer zur Noth noch hinauslangt.

In der That sehr lobenswürdige Anstalten, die Narren im Respect und den Pöbel unter dem Pantoffel zu halten, damit die Gescheidten es desto bequemer haben. Ohne Anstand, recht schnakische Anstalten! Kommen mir vor wie die Hecken, die meine Bauern gar schlau um ihre Felder herumführen, daß ja kein Hase drüber setzt, ja beileibe kein Hase! – Aber der gnädige Herr gibt seinem Rappen den Sporn und galoppiert weich über der weiland Ernte.

Armer Hase! Es ist doch eine jämmerliche Rolle, der Hase sein zu müssen auf dieser Welt – Aber der gnädige Herr braucht Hasen!

Also frisch drüber hinweg! Wer nichts fürchtet, ist nicht weniger mächtig, als Der, den Alles fürchtet. Es ist jetzt Mode, Schnallen an den

Beinkleidern zu tragen, womit man sie nach Belieben weiter und enger schnürt. Wir wollen uns ein Gewissen nach der neuesten Fa çon anmessen lassen, um es hübsch weiter aufzuschnallen, wie wir zulegen. Was können wir dafür? Geht zum Schneider! Ich habe Langes und Breites von einer sogenannten *Blutliebe* schwatzen gehört, das einem ordentlichen Hausmann den Kopf heiß machen könnte – Das ist dein Bruder! – das ist verdolmetscht: er ist aus eben dem Ofen geschossen worden, aus dem du geschossen bist – also sei er dir heilig! – Merkt doch einmal diese verzwickte Consequenz, diesen possierlichen Schluß von der Nachbarschaft der Leiber auf die Harmonie der Geister, von eben derselben Heimath zu eben derselben Empfindung, von einerlei Kost zu einerlei Neigung. Aber weiter – es ist dein Vater! er hat dir das Leben gegeben, du bist sein Fleisch, sein Blut – also sei er dir heilig! Wiederum eine schlaue Consequenz! Ich möchte doch fragen, *warum* hat er mich gemacht? doch wohl nicht gar aus Liebe zu mir, der erst ein *Ich* werden sollte? Hat er mich gekannt, ehe er mich machte? Oder hat er mich gedacht, wie er mich machte? Oder hat er *mich* gewünscht, da er mich machte? Wußte er, was ich werden würde? Das wollt' ich ihm nicht rathen, sonst möcht' ich ihn dafür strafen, daß er mich doch gemacht hat! Kann ich's ihm Dank wissen, daß ich ein Mann wurde? So wenig, als ich ihn verklagen könnte, wenn er ein Weib aus mir gemacht hätte. Kann ich eine Liebe erkennen, die sich nicht auf Achtung gegen mein *Selbst* gründet? Konnte Achtung gegen mein Selbst vorhanden sein, das erst dadurch entstehen sollte, davon es die Voraussetzung sein muß? Wo steckt denn nun das Heilige? Etwa im Actus selber, durch den ich entstund? – Als wenn dieser etwas mehr wäre, als viehischer Proceß zur Stillung viehischer Begierden? Oder steckt es vielleicht im Resultat dieses Actus, das doch nichts ist, als eiserne Nothwendigkeit, die man so gern wegwünschte, wenn's nicht auf Unkosten von Fleisch und Blut geschehen müßte? Soll ich ihm etwa darum gute Worte geben, daß er mich liebt? Das ist eine Eitelkeit von ihm, die Schooßsünde aller Künstler, die sich in ihrem Werk kokettieren, wär' es auch noch so häßlich. – Sehet also, das ist die ganze Hexerei, die ihr in einen heiligen Nebel verschleiert, unsre

Furchtsamkeit zu mißbrauchen. Soll auch ich mich dadurch gängeln lassen, wie einen Knaben?

Frisch also! muthig ans Werk! – Ich will Alles um mich her ausrotten, was mich einschränkt, daß ich nicht *Herr* bin. *Herr* muß ich sein, daß ich das mit Gewalt ertrotze, wozu mir die Liebenswürdigkeit gebricht. *(Ab.)*

Zweite Scene

Schenke an den Grenzen von Sachsen.

Karl von Moor in ein Buch vertieft. **Spiegelberg** trinkend am Tisch.

Karl v. Moor *(legt das Buch weg).* Mir ekelt vor diesem tintenklecksenden Seculum, wenn ich in meinem Plutarch lesen von großen Menschen.

Spiegelberg *(stellt ihm ein Glas hin und trinkt).* Den Josephus mußt du lesen.

Moor. Der lohe Lichtfunke Prometheus' ist ausgebrannt, dafür nimmt man jetzt die Flamme von Bärlappenmehl – Theaterfeuer, das keine Pfeife Tabak anzündet. Da krabbeln sie nun, wie die Ratten auf der Keule des Hercules, und studieren sich das Mark aus dem Schädel, was das für ein Ding sei, das er in seinen Hoden geführt hat. Ein französischer Abb é dociert, Alexander sei ein Hasenfuß gewesen; ein schwindsüchtiger Professor hält sich bei jedem Wort ein Fläschchen Salmiakgeist vor die Nase und liest ein Collegium über die *Kraft*. Kerls, die in Ohnmacht fallen, wenn sie einen Buben gemacht haben, kritteln über die Taktik des Hannibals – feuchtohrige Buben fischen Phrases aus der Schlacht bei Cannä und greinen über die Siege des Scipio, weil sie sie exponieren müssen.

Spiegelberg. Das ist ja recht alexandrinisch geflennt.

Moor. Schöner Preis für euren Schweiß in der Feldschlacht, daß ihr jetzt in Gymnasien lebet und eure Unsterblichkeit in einem Bücherriemen mühsam fortgeschleppt wird. Kostbarer Ersatz eures verpraßten Blutes, von einem Nürnberger Krämer um Lebkuchen gewickelt – oder, wenn's glücklich geht, von einem französischen Tragödienschreiber auf Stelzen geschraubt und mit Drahtfäden gezogen zu werden. Hahaha!

Spiegelberg *(trinkt)*. Lies den Josephus, ich bitte dich drum.

Moor. Pfui! pfui über das schlappe Kastraten-Jahrhundert, zu nichts nütze, als die Thaten der Vorzeit wiederzukäuen und die Helden des Alterthums mit Commentationen zu schinden und zu verhunzen mit Trauerspielen. Die Kraft seiner Lenden ist versiegen gegangen, und nun muß Bierhefe den Menschen fortpflanzen helfen.

Spiegelberg. Thee, Bruder, Thee!

Moor. Da verrammeln sie sich die gesunde Natur mit abgeschmackten Conventionen, haben das Herz nicht, ein Glas zu leeren, weil sie Gesundheit dazu trinken müssen – belecken den Schuhputzer, daß er sie vertrete bei Ihro Gnaden, und hudeln den armen Schelm, den sie nicht fürchten. Vergöttern sich um ein Mittagessen, und möchten einander vergiften um ein Unterbett, das ihnen beim Aufstreich überboten wird. – Verdammen den Sadducäer, der nicht fleißig genug in die Kirche kommt, und berechnen ihren Judenzins am Altare – fallen auf die Knie, damit sie ja ihren Schlamp ausbreiten können, – wenden kein Aug' von dem Pfarrer, damit sie sehen, wie seine Perrücke frisiert ist. – Fallen in Ohnmacht, wenn sie eine Gans bluten sehen, und klatschen in die Hände, wenn ihr Nebenbuhler bankerott von der Börse geht – – So warm ich ihnen die Hand drückte – „nur noch einen Tag" – Umsonst! – Ins Loch mit dem Hund! – Bitten! Schwüre! Thränen! *(Auf den Boden stampfend.)* Hölle und Teufel!

Spiegelberg. Und um so ein paar tausend lausige Ducaten –

Moor. Nein, ich mag nicht daran denken! Ich soll meinen Leib pressen in eine Schnürbrust und meinen Willen schnüren in Gesetzt. Das Gesetz hat zum Schneckengang verdorben, was Adlerflug geworden wäre. Das Gesetz hat noch keinen großen Mann gebildet, aber die Freiheit brütet Kolosse und Extremitäten aus. Sie verpalissadieren sich ins Bauchfell eines Tyrannen, hofieren der Laune seines Magens und lassen sich klemmen von seinen Winden. – Ah! daß der Geist Hermanns noch in der Asche glimmte! – Stelle mich vor ein Heer Kerls wie ich, und aus Deutschland soll eine Republik werden, gegen die Rom und Sparta Nonnenklöster sein sollen. *(Er wirft den Degen auf den Tisch und steht auf.)*

Spiegelberg *(aufspringend).* Bravo! Bravissimo! Du bringst mich eben recht auf das Chapitre. Ich will dir was ins Ohr sagen, Moor, das schon lang mit mir umgeht, und du bist der Mann dazu – sauf, Bruder, sauf! – wie wär's, wenn wir Juden würden und das Königreich wieder aufs Tapet brächten!

Moor *(lacht aus vollem Halse).* Ah! Nun merk' ich – nun merk' ich – du willst die Vorhaut aus der Mode bringen, weil der Barbier die deinige schon hat?

Spiegelberg. Daß dich, Bärenhäuter! Ich bin freilich wunderbarerweis schon voraus beschnitten. Aber, sag', ist das nicht ein schlauer und herzhafter Plan? Wir lassen ein Manifest ausgehen in alle vier Enden der Welt und citieren nach Palästina, was kein Schweinefleisch ißt. Da beweis' ich nun durch triftige Documente, Herodes, der Vierfürst, sei mein Großahnherr gewesen, und so ferner. Das wird ein Victoria abgeben, Kerl, wenn sie wieder ins Trockene kommen und Jerusalem wieder aufbauen dürfen. Jetzt frisch mit den Türken aus Asien, weil's Eisen noch warm ist, und Cedern gehauen aus dem Libanon, und Schiffe gebaut, und geschachert mit alten Borten und Schnallen das ganze Volk. Mittlerweile –

Moor *(nimmt ihn lächelnd bei der Hand).* Kamerad! mit den Narrenstreichen ist's nun am Ende.

Spiegelberg *(stutzig).* Pfui, du wirst doch nicht gar den verlorenen Sohn spielen wollen? Ein Kerl, wie du, der mit dem Degen mehr auf die Gesichter gekritzelt hat, als drei Substituten in einem Schaltjahr ins Befehlbuch schreiben! Soll ich dir von der großen Hundsleiche vorerzählen? Ha! ich muß nur dein eigenes Bild wieder vor dich rufen, das wird Feuer in deine Adern blasen, wenn dich sonst nichts mehr begeistert. Weißt du noch, wie die Herren vom Collegio deiner Dogge das Bein hatten abschießen lassen, und du zur Revanche ließest ein Fasten ausschreiben in der ganzen Stadt? Man schmollte über dein Rescript. Aber du, nicht faul, lässest alles Fleisch aufkaufen in ganz L.., daß in acht Stund kein Knoch mehr zu nagen ist in der ganzen Rundung, und die Fische anfangen im Preise zu steigen. Magistrat und Bürgerschaft düsselten Rache. Wir Bursche frisch heraus zu siebzehnhundert, und du an der Spitze, und Metzger und Schneider und Krämer hinterher, und Wirth und Barbierer und alle Zünfte, und fluchen, Sturm zu laufen wider die Stadt, wenn man den Burschen ein Haar krümmen wollte. Da ging's aus, wie's Schießen zu Hornberg, und mußten abziehen mit langer Nase. Du lässest Doctores kommen, ein ganzes Concilium, und botst drei Ducaten, wer dem Hund ein Recept schreiben würde. Wir sorgten die Herren werden zu viel Ehr' im Leib haben und *Nein* sagen, und hatten's schon verabredet, sie zu forcieren. Aber das war unnöthig, die Herren schlugen sich um die drei Ducaten, und kam's im Abstreich herab auf drei Batzen; in einer Stund sind zwölf Recepte geschrieben, daß das Thier auch bald drauf verreckte.

Moor. Schändliche Kerls!

Spiegelberg. Der Leichenpomp wird veranstaltet in aller Pracht, Carmina gab's die schwere Meng' um den Hund, und zogen wir aus des Nachts gegen Tausend, eine Laterne in der einen Hand, unsre Raufdegen in der andern, und so fort durch die Stadt mit Glockenspiel und Geklimper, bis der Hund beigesetzt war. Drauf gab's ein Fressen, das währt bis an den lichten Morgen, da bedanktest du dich bei den Herren für das herzliche Beileid und ließest das Fleisch verkaufen ums halbe Geld. Mort de ma vie! da hatte wir dir Respect, wie eine Garnison in einer eroberten Festung –

Moor. Und du schämst dich nicht, damit groß zu prahlen? Hast nicht einmal so viel Scham, dich dieser Streiche zu schämen?

Spiegelberg. Geh, geh! Du bist nicht mehr Moor. Weißt du noch, wie tausendmal du, die Flasche in der Hand, den alten Filzen hast aufgezogen und gesagt: er soll nur drauf los schaben und scharren, du wollest dir dafür die Gurgel absaufen? – Weißt du noch? he? weißt du noch? O du heilloser, erbärmlicher Prahlhans! das war noch männlich gesprochen und edelmännisch, aber –

Moor. Verflucht seist du, daß du mich dran erinnerst! verflucht ich, daß ich es sagte! Aber es war nur im Dampfe des Weins, und mein Herz hörte nicht, was meine Zunge prahlte.

Spiegelberg *(schüttelt den Kopf)*. Nein! nein! nein! das kann nicht sein. Unmöglich, Bruder, das kann dein Ernst nicht sein. Sag, Brüderchen, ist es nicht die Noth, die dich so stimmt? Komm, laß dir ein Stückchen aus meinen Bubenjahren erzählen. Da hatt' ich neben meinem Haus einen Graben, der, wie wenig, seine acht Schuh breit war, wo wir Buben uns in die Wette bemühten, hinüber zu springen. Aber das war umsonst. Pflumpf! lagst du, und ward ein Gezisch und Gelächter über dir, und wurdest mit Schneeballen geschmissen über und über. Neben meinem Haus lag eines Jägers Hund an einer Kette, eine so bissige Bestie, die dir die Mädels wie der Blitz am Rockzipfel hatte, wenn sie sich's versahn und zu nah dran vorbeistrichen. Das war nun mein Seelengaudium, den Hund überall zu necken, wo ich nur konnte, und wollt' halb krepieren vor Lachen, wenn mich dann das Luder so giftig anstierte und so gern auf mich losgerannt wär', wenn's nur gekonnt hätte. – Was geschieht? Ein andermal mach' ich's ihm auch wieder so und werf' ihn mit einem Stein so derb an die Ripp', daß er vor Wuth von der Kette reißt und auf mich dar, und ich, wie alle Donnerwetter, reißaus und davon – Tausend Schwerenoth! da ist dir just der vermaledeite Graben dazwischen. Was zu thun? Der Hund ist mir hart an den Fersen und wüthig, also kurz resolviert – ein Anlauf genommen – drüben bin ich. Dem Sprung hatt' ich Leib und Leben zu danken; die Bestie hätte mich zu Schanden gerissen.

Moor. Aber wozu jetzt das?

Spiegelberg. Dazu – daß du sehen sollst, wie die Kräfte wachsen in der Noth. Darum laß ich mir's auch nicht bange sein, wenn's auf's Äußerste kommt. Der Muth wächst mit der Gefahr; die Kraft erhebt sich im Drang.

Das Schicksal muß einen großen Mann aus mir haben wollen, weil's mir so quer durch den Weg streicht.

Moor *(ärgerlich)*. Ich wüßte nicht, wozu wir den Muth noch haben sollten, und noch nicht gehabt hätten.

Spiegelberg. So? – Und du willst also deine Gaben in dir verwittern lassen? dein Pfund vergraben? Meinst du, deine Stänkereien in Leipzig machen die Grenzen des menschlichen Witzes aus? Da laß uns erst in die große Welt kommen. Paris und London! – wo man Ohrfeigen einhandelt, wenn man Einen mit dem Namen eines ehrlichen Mannes grüßt. Da ist es auch ein Seelenjubilo, wenn man das Handwerk ins Große prakticiert. – Du wirst gaffen! du wirst Augen machen! Wart, und wie man Handschriften nachmacht, Würfel verdreht, Schlösser aufbricht und den Koffern das Eingeweid' ausschüttet – das sollst du noch von Spiegelberg lernen! Die Canaille soll man an den nächsten besten Galgen aufknüpfen, die bei *geraden* Fingern verhungern will.

Moor *(zerstreut)*. Wie? Du hast es wohl gar noch weiter gebracht?

Spiegelberg. Ich glaube gar, du setzest ein Mißtrauen in mich. Wart, laß mich erst warm werden! du sollst Wunder sehen; dein Gehirnchen soll sich im Schädel umdrehen, wenn mein kreißender Witz in die Wochen kommt. – *(Steht auf, hitzig.)* Wie es sich aufhellt in mir! Große Gedanken dämmern auf in meiner Seele. Riesenplane gähren in meinem schöpferischen Schädel. Verfluchte Schlafsucht *(sich vorn Kopf schlagend)*, die bisher meine Kräfte in Ketten schlug, meine Aussichten sperrte und spannte! Ich erwache, fühle, wer ich bin – wer ich werden muß!

Moor. Du bist ein Narr. Der Wein bramarbasiert aus deinem Gehirne.

Spiegelberg *(hitziger)*. Spiegelberg, wird es heißen, kannst du hexen, Spiegelberg? Es ist Schade, daß du kein General worden bist, Spiegelberg, wird der König sagen, du hättest die Östreicher durch ein Knopfloch gejagt. Ja, hör' ich die Dokters jammern, es ist unverantwortlich, daß der Mann nicht die Medicin studiert hat, er hätte ein neues Kropfpulver erfunden. Ach! und daß er das Camerale nicht zum Fach genommen hat, werden die Sullys in ihren Cabinetten seufzen, er hätte aus Steinen Louisd'ore hervorgezaubert. Und Spiegelberg wird es heißen in Osten und Westen, und in den Koth mit euch, ihr Memmen, ihr Kröten, indeß Spiegelberg mit ausgespreiteten Flügeln zum Tempel des Nachruhms emporfliegt.

Moor. Glück auf den Weg! Steig du auf Schandsäulen zum Gipfel des Ruhms. Im Schatten meiner väterlichen Haine, in den Armen meiner Amalia lockt mich ein edler Vergnügen. Schon die vorige Woche hab' ich meinem Vater um Vergebung geschrieben, hab' ihm nicht den kleinsten Umstand verschwiegen, und wo Aufrichtigkeit ist, ist auch Mitleid und Hilfe. Laß uns Abschied nehmen, Moritz. Wir sehen uns heut und nie mehr. Die Post ist angelangt. Die Verzeihung meines Vaters ist schon innerhalb dieser Stadtmauern.

Schweizer. Grimm. Roller. Schufterle. Razmann *treten auf.*

Roller. Wißt ihr auch, daß man uns auskundschaftet?

Grimm. Daß wir keinen Augenblick sicher sind, aufgehoben zu werden?

Moor. Mich wundert's nicht. Es gehe, wie es will! Saht ihr den Schwarz nicht? sagt' er euch von keinem Brief, den er an mich hätte?

Roller. Schon lang sucht er dich, ich vermuthe so etwas.

Moor. Wo ist er? wo, wo? *(Will eilig fort.)*

Roller. Bleib! wir haben ihn hierher beschieden. Du zitterst? –

Moor. Ich zittere nicht. Warum sollt' ich auch zittern? Kameraden! dieser Brief – Freut euch mit mir! Ich bin der Glücklichste unter der Sonne, warum sollt' ich zittern?

Schwarz *tritt auf.*

Moor *(fliegt ihm entgegen).* Bruder! Bruder! den Brief! den Brief!

Schwarz *(gibt ihm den Brief, den er hastig aufbricht).* Was ist dir? wirst du nicht wie die Wand?

Moor. Meines Bruders Hand!

Schwarz. Was treibt denn der Spiegelberg?

Grimm. Der Kerl ist unsinnig. Er macht Gestus wie beim Sanct Veits-Tanz.

Schufterle. Sein Verstand geht im Ring herum. Ich glaub', er macht Verse.

Razmann. Spiegelberg! He, Spiegelberg! – Die Bestie hört nicht.

Grimm *(schüttelt ihn)*. Kerl! träumst du, oder –?

Spiegelberg *(der sich die ganze Zeit über mit den Pantomimen eines Projectmachers im Stubeneck abgearbeitet hat, springt wild auf)* La bourse ou la vie! *(und packt Schweizern an der Gurgel, der ihn gelassen an die Wand wirft. – Moor läßt den Brief fallen und rennt hinaus. Alle fahren auf.)*

Roller *(ihm nach)*. Moor! wonaus, Moor? was beginnst du?

Grimm. Was hat er? was hat er? Er ist bleich wie die Leiche.

Schweizer. Das müssen schöne Neuigkeiten sein! Laß doch sehen!

Roller *(nimmt den Brief von der Erde und liest)*. „Unglücklicher Bruder!" der Anfang klingt lustig. „Nur kürzlich muß ich dir melden, daß deine Hoffnung vereitelt ist. – du sollst hingehen, läßt dir der Vater sagen, wohin dich deine Schandthaten führen. Auch, sagt, er, werdest du dir keine Hoffnung machen, jemals Gnade zu seinen Füßen zu erwimmern, wenn du nicht gewärtig sein wollest, im untersten Gewölb seiner Thürme mit Wasser und Brod so lang tractiert zu werden, bis deine Haare wachsen wie Adlersfedern, und deine Nägel wie Vogelklauen werden. Das sind seine eigenen Worte. Er befiehlt mir, den Brief zu schließen. Leb wohl auf ewig! Ich bedaure dich – *Franz von Moor*."

Schweizer. Ein zuckersüßes Brüderchen! In der That! – Franz heißt die Canaille?

Spiegelberg *(sachte herbeischleichend).* Von Wasser und Brod ist die Rede? Ein schönes Leben! Da hab' ich anders für euch gesorgt! Sagt' ich's nicht, ich müßt' am Ende für euch alle denken?

Schweizer. Was sagt der Schafskopf? der Esel will für uns alle denken?

Spiegelberg. Hasen, Krüppel, lahme Hunde seid ihr Alle, wenn ihr das Herz nicht habt, etwas Großes zu wagen!

Roller. Nun, das wären wir freilich, du hast recht! – aber wird es uns auch aus dieser vermaledeiten Lage reißen, was du wagen wirst? wird es? –

Spiegelberg *(mit einem stolzen Gelächter).* Armer Tropf! aus dieser Lage reißen? hahaha! – aus dieser Lage reißen? – und auf mehr raffiniert dein Fingerhut voll Gehirn nicht? und damit trabt deine Mähre zum Stalle? Spiegelberg müßte ein Hundsfott sein, wenn er mit dem nur anfangen wollte. Zu Helden, sag ich dir, zu Freiherrn, zu Fürsten, zu Göttern wird's euch machen!

Razmann. Das ist viel auf einen Hieb, wahrlich! Aber es wird wohl eine halsbrechende Arbeit sein! den Kopf wird's wenigstens kosten.

Spiegelberg. Es will nichts als Muth, denn was den Witz betrifft, den nehm' ich gern über *mich*. Muth sag' ich, Schweizer! Muth, Roller, Grimm, Razmann, Schufterle! Muth! –

Schweizer. Muth? Wenn's nur das ist – Muth hab' ich genug, um barfuß mitten durch die Hölle zu gehn.

Schufterle. Muth genug, mich unterm lichten Galgen mit dem leibhaftigen Teufel um einen armen Sünder zu balgen.

Spiegelberg. So gefällt mir's! Wenn ihr Muth habt, tret' Einer auf und sag': er habe noch etwas zu verlieren, und nicht Alles zu gewinnen! –

Schwarz. Wahrhaftig, da gäb's Manches zu verlieren, wenn ich Das verlieren wollte, was ich noch zu gewinnen habe!

Razmann. Ja, zum Teufel! und Manches zu gewinnen, wenn ich Das gewinnen wollte, was ich nicht verlieren kann.

Schufterle. Wenn ich Das verlieren müßte, was ich auf Borgs auf dem Leibe trage, so hätt' ich allenfalls morgen nichts mehr zu verlieren.

Spiegelberg. Also denn! *(Er stellt sich mitten unter sie mit beschwörendem Ton.)* Wenn noch ein Tropfen deutschen Heldenbluts in euren Adern rinnt – kommt! Wir wollen uns in den böhmischen Wäldern niederlassen, dort eine Räuberbande zusammenziehen und – Was gafft ihr mich an? – ist euer bischen Muth schon verdampft?

Roller. Du bist wohl nicht der erste Gauner, der über den hohen Galgen weggesehen hat – und doch – Was hätten wir sonst noch für eine Wahl übrig?

Spiegelberg. Wahl? Was? Nichts habt ihr zu wählen! Wollt ihr im Schuldthurm stecken und zusammenschnurren, bis man zum jüngsten Tag posaunt? wollt ihr euch mit der Schaufel und Haue um einen Bissen trocken Brod abquälen? wollt ihr an der Leute Fenster mit einem Bänkelsängerlied ein mageres Almosen erpressen? oder wollt ihr zum Kalbsfell schwören – und da ist erst noch die Frage, ob man euren Gesichtern traut – und dort unter der milzsüchtigen Laune eines gebieterischen Corporals das Fegfeuer zum Voraus abverdienen? oder bei klingendem Spiel nach dem Takt der Trommel spazieren gehn? oder im Gallioten-Paradies das ganze Eisen-Magazin Vulcans hinterher schleifen? Seht, das habt ihr zu wählen, da ist alles beisammen, was ihr wählen könnt!

Roller. So unrecht hat der Spiegelberg eben nicht. Ich hab' auch meine Plane schon zusammen gemacht, aber sie treffen endlich auf eins. Wie wär's, dacht' ich, wenn ihr euch hinsetztet und ein Taschenbuch, oder einen Almanach, oder so was Ähnlichs zusammensudeltet und um den lieben Groschen recensiertet, wie's wirklich Mode ist?

Schufterle. Zum Henker! ihr rathet nah zu meinen Projecten. Ich dachte bei mir selbst, wenn du ein Pietist würdest und wöchentlich deine Erbauungsstunden hieltest?

Grimm. Getroffen! und wenn das nicht geht, ein Atheist! Wir könnten die vier Evangelisten auf's Maul schlagen, ließen unser Buch durch den Schinder verbrennen, und so ging's reißen ab.

Razmann. Oder zögen wir wider die Franzosen zu Felde – ich kenne einen Dokter, der sich ein Haus aus purem Quecksilber gebauet hat, wie das Epigramm auf der Hausthüre lautet.

Schweizer *(steht auf und gibt Spiegelberg die Hand.)* Moritz, du bist ein großer Mann! – oder es hat ein blindes Schwein eine Eichel gefunden.

Schwarz. Vortreffliche Plane! honette Gewerbe! Wie doch die großen Geister sympathisieren! Jetzt fehlte nur noch, daß wir Weiber und Kupplerinnen würden, oder gar unsere Jungferschaft zu Markte trieben.

Spiegelberg. Possen! Possen! Und was hindert's, daß ihr nicht das Meiste in Einer Person sein könnt? Mein Plan wird euch immer am höchsten poussieren, und da habt ihr noch Ruhm und Unsterblichkeit! Seht, arme Schlucker! auch so weit muß man hinausdenken! auch auf den Nachruhm, das süße Gefühl von Unvergeßlichkeit –

Roller. Und obenan in der Liste der ehrlichen Leute! Du bist ein Meisterredner, Spiegelberg, wenn's drauf ankommt, aus einem ehrlichen Mann einen Hallunken zu machen – Aber sag' doch Einer, wo der Moor bleibt?

Spiegelberg. Ehrlich, sagst du? Meinst du, du seist nachher weniger ehrlich, als du jetzt bist? Was heißt du ehrlich? Reichen Filzen ein Drittheil ihrer Sorgen vom Hals schaffen, die ihnen nur den goldnen Schlaf verscheuchen, das stockende Geld in Umlauf bringen, das Gleichgewicht der Güter wieder herstellen, mit einem Wort, das goldne Alter wieder zurückrufen, dem lieben Gott von manchem lästigen Kostgänger helfen, ihm Krieg, Pestilenz, theure Zeit und *Dokters* ersparen – siehst du, das heiß' ich ehrlich sein, das heiß' ich ein würdiges Werkzeug in der Hand der Vorsehung abgeben, – und so bei jedem Braten, den man ißt, den schmeichelhaften Gedanken zu haben: den haben dir deine

Finten, dein Löwenmuth, deine Nachtwachen erworben – von Groß und Klein respectiert zu werden –

Roller. Und endlich gar bei lebendigem Leibe gen Himmel fahren und trotz Sturm und Wind, trotz dem gefräßigen Magen der alten Urahne Zeit unter Sonn' und Mond und allen Fixsternen schweben, wo selbst die unvernünftigen Vögel des Himmels, von edler Begierde herbeigelockt, ihr himmlisches Concert musicieren, und die Engel mit Schwänzen ihr hochheiliges Synedrium halten? nicht wahr? – und wenn Monarchen und Potentaten von Motten und Würmern verzehrt werden, die Ehre haben zu dürfen, von Jupiters königlichem Vogel Visiten anzunehmen? – Moritz, Moritz, Moritz! nimm dich in Acht! nimm dich in Acht vor dem dreibeinigten Thiere!

Spiegelberg. Und das schreckt dich, Hasenherz? Ist doch schon manches Universalgenie, das die Welt hätte reformieren können, auf dem Schindanger verfault, und spricht man nicht von so Einem Jahrhunderte, Jahrtausende lang, da mancher König und Kurfürst in der Geschichte überhüpft würde, wenn sein Geschichtschreiber die Lücke in der Successionsleiter nicht scheute und sein Buch dadurch nicht um ein paar Octavseiten gewönne, die ihm der Verleger mit baarem Gelde bezahlt – Und wenn dich der Wanderer so hin und her fliegen sieht im Winde – der muß auch kein Wasser im Hirn gehabt haben, brummt er in den Bart und seufzt über die elenden Zeiten.

Schweizer *(klopft ihn auf die Achsel).* Meisterlich, Spiegelberg! meisterlich! Was, zum Teufel, steht ihr da und zaudert?

Schwarz. Und laß es auch *Prostitution* heißen – was folgt weiter? Kann man nicht auf den Fall immer ein Pülverchen mit sich führen, das Einen so im Stillen über den Acheron fördert, wo kein Hahn darnach kräht! Nein, Bruder Moritz! dein Vorschlag ist gut. So lautet auch mein Katechismus.

Schufterle. Blitz! Und der meine nicht minder. Spiegelberg, du hast mich geworben.

Razmann. Du hast, wie ein anderer Orpheus, die heulende Bestie, mein Gewissen, in den Schlaf gesungen. Nimm mich ganz, wie ich da bin!

Grimm. Sic omnes consentiunt ego non dissentio. Wohlgemerkt, ohne Komma. Es ist ein Aufstreich in meinem Kopf: Pietisten – Quacksalber – Recensenten und Jauner! Wer am meisten bietet, der hat mich. Nimm diese Hand, Moritz!

Roller. Und auch du, Schweizer? *(Gibt Spiegelberg die rechte Hand.)* Also verpfänd' ich meine Seele dem Teufel.

Spiegelberg. Und deinen Namen den Sternen! Was liegt daran, wohin auch die Seele fährt? Wenn Schaaren vorausgesprengter Kouriere unsere Niederfahrt melden, daß sich die Satane festtäglich herausputzen, sich den tausendjährigen Ruß aus den Wimpern stäuben, und Myriaden gehörnter Köpfe aus der rauchenden Mündung ihrer Schwefel-Kamine hervorwachsen, unsern Einzug zu sehen? Kameraden! *(aufgesprungen)* frisch auf, Kameraden! was in der Welt wiegt diesen Rausch des Entzückens auf? Kommt, Kameraden!

Roller. Sachte nur! sachte! Wohin? Das Thier muß auch seinen Kopf haben, Kinder!

Spiegelberg *(giftig)*. Was predigt der Zauderer? Stand nicht der Kopf schon, eh noch ein Glied sich regte? Folgt, Kameraden!

Roller. Gemach, sag' ich. Auch die Freiheit muß ihren Herrn haben. Ohne Oberhaupt ging Rom und Sparta zu Grunde.

Spiegelberg *(geschmeidig)*. Ja – haltet – Roller sagt recht. Und das muß ein erleuchteter Kopf sein. Versteht ihr? Ein feiner, politischer Kopf muß das sein. Ja, wenn ich mir's denke, was ihr vor einer Stunde waret, was ihr jetzt seid, – durch Einen glücklichen Gedanken seid – Ja, freilich, freilich müßt ihr einen Chef haben – Und wer diesen Gedanken entsponnen, sagt, muß das nicht ein erleuchteter politischer Kopf sein?

Roller. Wenn sich's hoffen ließe – träumen ließe – Aber ich fürchte, er wird es nicht thun.

Spiegelberg. Warum nicht? Sag's keck heraus, Freund! – So schwer es ist, das kämpfende Schiff gegen die Winde zu lenken, so schwer sie auch drückt, die Last der Kronen – sag's unverzagt, Roller! – vielleicht wird er's doch thun.

Roller. Und leck ist das Ganze, wenn er's nicht thut. Ohne den Moor sind wir Leib ohne Seele.

Spiegelberg *(unwillig von ihm weg)*. Stockfisch!

Moor *(tritt herein in wilder Bewegung und läuft heftig im Zimmer auf und nieder, mit sich selber.)* Menschen – Menschen! falsche, heuchlerische Krokodilbrut! Ihre Augen sind Wasser! ihre Herzen sind Erz! Küsse auf den Lippen! Schwerter im Busen! Löwen und Leoparden füttern ihre Jungen, Raben tischen ihren Kleinen auf dem Aas, und Er, Er – Bosheit hab' ich dulden gelernt, kann dazu lächeln, wenn mein erboster Feind mir mein eigen Herzblut zutrinkt – aber wenn Blutliebe zur Verrätherin, wenn Vaterliebe zur Megäre wird: und so fange Feuer, männliche Gelassenheit! verwilde zum Tiger, sanftmüthiges Lamm! und jede Faser recke sich auf zu Grimm und Verderben!

Roller. Höre, Moor! Was denkst du davon? Ein Räuberleben ist doch auch besser, als bei Wasser und Brod im untersten Gewölbe der Thürme?

Moor. Warum ist dieser Geist nicht in einen Tiger gefahren, der sein wüthendes Gebiß in Menschenfleisch haut? Ist das Vatertreue? Ist das Liebe für Liebe? Ich möchte ein Bär sein und die Bären des Nordlands wider dies mörderische Geschlecht anhetzen – Reue und keine Gnade! Oh ich möchte den Ocean vergiften, daß sie den Tod aus allen Quellen saufen! Vertrauen, unüberwindliche Zuversicht, und kein Erbarmen!

Roller. So höre doch, Moor, was ich dir sage!

Moor. Es ist unglaublich, es ist ein Traum, eine Täuschung – So eine rührende Bitte, so eine lebendige Schilderung des Elends und der zerfließenden Reue – die wilde Bestie wär' in Mitleid zerschmolzen! Steine hätten Thränen vergossen, und doch – man würde es für ein boshaftes Pasquill aufs Menschengeschlecht halten, wenn ich's aussagen wollte –

und doch, doch – oh daß und durch die ganze Natur das Horn des Aufruhrs blasen könnte, Luft, Erde und Meer wider das Hyänengezücht ins Treffen zu führen!

Grimm. Höre doch, höre! vor Rasen hörst du ja nicht.

Moor. Weg, weg von mir! Ist dein Name nicht Mensch! Hat dich das Weib nicht geboren? – Aus meinen Augen, du mit dem Menschengesicht! – Ich habe ihn so unaussprechlich geliebt! so liebte kein Sohn; ich hätte tausend Leben für ihn – *(Schäumend auf die Erde stampfend.)* Ha! – wer mir jetzt ein Schwert in die Hand gäb', dieser Otterbrut eine brennende Wunde zu versetzen! wer mir sagte, wo ich das Herz ihres Lebens erzielen, zermalmen, zernichten! – Er sei mein Freund, mein Engel, mein Gott – ich will ihn anbeten!

Roller. Eben diese Freunde wollen ja wir sein, laß dich doch weisen!

Schwarz. Komm mit uns in die böhmischen Wälder! Wir wollen eine Räuberbande sammeln, und du – *(Moor stiert ihn an.)*

Schweizer. Du sollst unser Hauptmann sein! Du mußt unser Hauptmann sein!

Spiegelberg *(wirft sich wild in einen Sessel)*. Sklaven und Memmen!

Moor. Wer blies dir das Wort ein? Höre, Kerl! *(indem er Schwarzen hart ergreift)* das hast du nicht aus deiner Menschenseele hervorgeholt! Wer blies dir das Wort ein? Ja, bei dem tausendarmigen Tod! das wollen wir! das müssen wir! der Gedanke verdient Vergötterung – *Räuber* und *Mörder!* – So wahr meine Seele lebt, ich bin euer Hauptmann!

Alle *(mit lärmendem Geschrei)*. Es lebe der Hauptmann!

Spiegelberg *(aufspringend, vor sich)*. Bis ich ihm hinhelfe!

Moor. Siehe, da fällt's wie der Staar von meinen Augen, was für ein Thor ich war, daß ich ins Käficht zurück wollte! – Mein Geist dürstet nach Thaten, mein Athem nach Freiheit. – *Mörder, Räuber!* – mit diesem Wort war das Gesetz unter meine Füße gerollt – Menschen haben Menschheit vor mir verborgen, da ich an Menschheit appellierte, weg denn von mir, Sympathie und menschliche Schonung! – Ich habe keinen Vater mehr, ich habe keine Liebe mehr, und Blut und Tod soll mich vergessen lehren, daß mir jemals etwas theuer war! – Kommt, kommt! – Oh ich will mir eine fürchterliche Zerstreuung machen – es bleibt dabei, ich bin euer Hauptmann! und Glück zu dem Meister unter euch, der am wildesten sengt, am gräßlichsten mordet, denn ich sage euch, er soll königlich belohnt werden – Tretet her um mich ein Jeder, und schwöret mir Treue und Gehorsam zu bis in den Tod! – Schwört mir das bei dieser männlichen Rechte!

Alle *(geben ihm die Hand).* Wir schwören dir Treu und Gehorsam bis in den Tod!

Moor. Nun, und bei dieser männlichen Rechte schwör' ich euch hier, treu und standhaft euer Hauptmann zu bleiben bis in den Tod! Den soll dieser Arm gleich zur Leiche machen, der jemals zagt oder zweifelt, oder zurücktritt! Ein Gleiches widerfahre mir von Jedem unter euch, wenn ich meinen Schwur verletze! Seid ihr's zufrieden? *(Spiegelberg läuft wütend auf und nieder.)*

Alle *(mit aufgeworfenen Hüten).* Wir sind's zufrieden.

Moor. Nun denn, so laßt uns gehn! Fürchtet euch nicht vor Tod und Gefahr, denn über uns waltet ein unbeugsames Fatum! Jeden ereilet endlich sein Tag, es sei auf dem weichen Kissen von Flaum, oder im rauhen Gewühl des Gefechts, oder auf offenem Galgen und Rad! Eins davon ist unser Schicksal! *(Sie gehen ab.)*

Spiegelberg *(ihnen nachsehend, nach einer Pause).* Dein Register hat ein Loch. Du hast das Gift weggelassen. *(Ab.)*

Dritte Scene

Im Moorischen Schloß. Amaliens Zimmer.

Franz. Amalia.

Franz. Du siehst weg, Amalia? Verdien' ich weniger als Der, den der Vater verflucht hat?

Amalia. Weg! – Ha des liebevollen, barmherzigen Vaters, der seinen Sohn Wölfen und Ungeheuern preisgibt! Daheim labt er sich mit süßem köstlichem Wein und pflegt seiner morschen Glieder in Kissen von Eider, während sein großer, herrlicher Sohn darbt – Schämt euch, ihr Unmenschen! schämt euch, ihr Drachenseelen, ihr Schande der Menschheit! – seinen einzigen Sohn!

Franz. Ich dächte, er hätt' ihrer zween.

Amalia. Ja, er verdient solche Söhne zu haben, wie du bist. Auf seinem Todbett wird er umsonst die welken Hände ausstrecken nach seinem Karl und schaudernd zurückfahren, wenn er die eiskalte Hand seines Franzens faßt – Oh es ist süß, es ist köstlich süß, von deinem Vater verflucht zu werden! Sprich, Franz, liebe brüderliche Seele, was muß man thun, wenn man von ihm verflucht sein will?

Franz. Du schwärmst, meine Liebe, du bist zu bedauern.

Amalia. O ich bitte dich – bedauerst du deinen Bruder? – Nein, Unmensch, du hassest ihn! Du hassest mich doch auch?

Franz. Ich liebe dich, wie mich selbst, Amalia!

Amalia. Wenn du mich liebst, kannst du mir wohl eine Bitte abschlagen?

Franz. Keine, keine, wenn sie nicht mehr ist, als mein Leben.

Amalia. O, wenn das ist! Eine Bitte, die du so leicht, so gern erfüllen wirst – *(stolz)* Hasse mich! Ich müßte feuerroth werden vor Scham, wenn ich an Karln denke und mir eben einfiel', daß du mich nicht hassest. Du versprichst mir's doch? – Jetzt geh und laß mich, ich bin so gern allein!

Franz. Allerliebste Träumerin! wie sehr bewundere ich dein sanftes, liebevolles Herz. *(Ihr auf die Brust klopfend.)* Hier, hier herrschte Karl wie ein Gott in seinem Tempel, Karl stand vor dir im Wachen, Karl regierte in deinen Träumen, die ganze Schöpfung schien dir nur in den Einzigen zu zerfließen, den Einzigen wiederzustrahlen, den Einzigen dir entgegen zu tönen.

Amalia *(bewegt)*. Ja wahrhaftig, ich gesteh' es. Euch Barbaren zum Trutz will ich's vor aller Welt gestehen – ich lieb' ihn.

Franz. Unmenschlich, grausam! Diese Liebe so zu belohnen! Die zu vergessen –

Amalia *(auffahrend)*. Was, mich vergessen?

Franz. Hattest du ihm nicht einen Ring an den Finger gesteckt? einen Diamantring, zum Unterpfand deiner Treu! – Freilich nun, wie kann auch ein Jüngling den Reizen einer Metze Widerstand thun? Wer wird's ihm auch verdenken, da ihm sonst nichts mehr übrig war wegzugeben – und bezahlte sie ihn nicht mit Wucher dafür mit ihren Liebkosungen ihren Umarmungen?

Amalia *(aufgebracht)*. Meinen Ring einer Metze?

Franz. Pfui, pfui! das ist schändlich. Wohl aber, wenn's nur das wäre! – Ein Ring, so kostbar er auch ist, ist im Grunde bei jedem Juden wieder zu haben – Vielleicht mag ihm die Arbeit daran nicht gefallen haben, vielleicht hat er einen schönern dafür eingehandelt.

Amalia *(heftig)*. Aber *meinen* Ring – ich sage *meinen* Ring?

Franz. Keinen andern, Amalia – Ha! solch ein Kleinod, und an meinem Finger – und von Amalia! – Von hier sollt' ihn der Tod nicht gerissen haben – Nicht wahr, Amalia? nicht die Kostbarkeit des Diamants, nicht die Kunst des Gepräges – die Liebe macht seinen Werth aus – Liebstes Kind, du weinst? Wehe über den, der diese köstlichen Tropfen aus so himmlischen Augen preßt – ach, und wenn du erst Alles wüßtest, ihn selbst sähest, ihn unter der Gestalt sähest? –

Amalia. Ungeheuer! wie, unter welcher Gestalt?

Franz. Stille, stille, gute Seele, frage mich nicht aus! *(Wie vor sich, aber laut.)* Wenn es doch wenigstens nur einen Schleier hätte, das garstige Laster, sich dem Auge der Welt zu entstehlen! Aber da blickt's schrecklich durch den gelben, bleifarbenen Augenring; da verräth sich's im todtenblassen, eingefallenen Gesicht und dreht die Knochen häßlich hervor – da stammelt's in der halben, verstümmelten Stimme – da predigt's fürchterlich laut vom zitternden hinschwankenden Gerippe – da durchwühlt es der Knochen innerstes Mark und bricht die mannhafte Stärke der Jugend – da, da spritzt es den eitrichten fressenden Schaum aus Stirn und Wangen und Mund und der ganzen Fläche des Leibes zum scheußlichen Aussatz hervor und nistet abscheulich in den Gruben der viehischen Schande – pfui, pfui! mir ekelt. Nasen, Augen, Ohren schütteln sich – Du hast jenen Elenden gesehen, Amalia, der in unserm Siechenhause seinen Geist auskeuchte, die Scham schien ihr scheues Auge vor ihm zuzublinzeln – du ruftest Wehe über ihn aus. Ruf dieses Bild noch einmal ganz in deine Seele zurück, und Karl steht vor dir! – Seine Küsse sind Pest, seine Lippen vergiften die deinen!

Amalia *(schlägt ihn)*. Schamloser Lästerer!

Franz. Graut dir vor diesem Karl? Ekelt dir schon von dem matten Gemälde? Geh, gaff' ihn selbst an, deinen schönen, englischen, göttlichen Karl! Geh, sauge seinen balsamischen Athem ein und laß dich von den Ambrosiadüften begraben, die aus seinem Rachen dampfen. Der bloße Hauch seines Mundes wird dich in jenen schwarzen, todähnlichen Schwindel hauchen, der den Geruch eines berstenden Aases und den Anblick eines leichenvollen Walplatzes begleitet.

Amalia *(wendet ihr Gesicht ab)*.

Franz. Welches Aufwallen der Liebe! Welche Wollust in der Umarmung – aber ist es nicht ungerecht, einen Menschen um seiner siechen Außenseite willen zu verdammen? Auch im elendesten Äsopischen Krüppel kann eine große, liebenswürdige Seele, wie ein Rubin aus dem

Schlamme, glänzen. *(Boshaft lächelnd.)* Auch aus blattrichten Lippen kann ja die Liebe –

Freilich, wenn das Laster auch die Festen des Charakters erschüttert, wenn mit der Keuschheit auch die Tugend davon fliegt, wie der Duft aus der welken Rose verdampft – wenn mit dem Körper auch der Geist zum Krüppel verdirbt –

Amalia *(froh aufspringend).* Ha! Karl! nun erkenn' ich dich wieder! Du bist noch ganz! ganz! Alles war Lüge! – Weißt du nicht, Bösewicht, daß Karl unmöglich das werden kann? *(Franz steht einige Zeit tiefsinnig, dann dreht er sich plötzlich, um zu gehen.)* Wohin so eilig? stehst du vor deiner eigenen Schande?

Franz *(mit verhülltem Gesicht).* Laß mich! laß mich! – meinen Thränen den Lauf lassen – tyrannischer Vater! den besten deiner Söhne so hinzugeben dem Elend – der ringsumgebenden Schande – laß mich, Amalia! ich will ihm zu Füßen fallen, auf den Knieen will ich ihn beschwören, den ausgesprochenen Fluch auf mich, auf mich zu laden – mich zu enterben – mich – mein Blut – mein Leben – Alles –

Amalia *(fällt ihm um den Hals).* Bruder meines Karls, bester, liebster Franz!

Franz. O Amalia! wie lieb' ich dich um dieser unerschütterten Treue gegen meinen Bruder – Verzeih, daß ich es wagte, deine Liebe auf diese harte Probe zu setzen! – Wie schön hast du meine Wünsche gerechtfertigt! – Mit diesen Thränen, diesen Seufzern, diesem himmlischen Unwillen – auch für mich, für mich – unsere Seelen stimmten so zusammen.

Amalia. O nein, das thaten sie nie!

Franz. Ach, sie stimmten so harmonisch zu, ich meinte immer, wir müßten Zwillinge sein! und wär' der leidige Unterschied von außen nicht, wobei leider freilich Karl verlieren muß, wir würden zehnmal verwechselt. Du bist, sagt' ich oft zu mir selbst, ja, du bist der ganze Karl, sein Echo, sein Ebenbild!

Amalia *(schüttelt den Kopf).* Nein, nein, bei jenem keuschen Lichte des Himmels! kein Äderchen von ihm, kein Fünkchen von seinem Gefühle –

Franz. So ganz gleich in unsern Neigungen – die Rose war seine liebste Blume – welche Blume war mir über die Rose? Er liebte die Musik unaussprechlich, und ihr seid Zeugen, ihr Sterne! ihr habt mich so oft in der Todtenstille der Nacht beim Claviere belauscht, wenn Alles um mich begraben lag in Schatten und Schlummer – und wie kannst du noch zweifeln, Amalia, wenn unsere Liebe in *einer Vollkommenheit* zusammentraf, und wenn die Liebe die nämliche ist, wie könnten ihre Kinder entarten?

Amalia *(sieht ihn verwundert an).*

Franz. Es war ein stiller, heiterer Abend, der letzte, eh' er nach Leipzig abreiste, da er mich mit sich in jene Laube nahm, wo ihr so oft zusammensaßet in Träumen der Liebe – stumm blieben wir lang – zuletzt ergriff er meine Hand und sprach leise mit Thränen: ich verlasse Amalia, ich weiß nicht – mir ahnet's, als hieß' es auf ewig – verlaß sie nicht, Bruder! – sei ihr Freund – ihr Karl – wenn Karl – nimmer – wiederkehrt – *(er stürzt vor ihr nieder und küßt ihr die Hand mit Heftigkeit.)* Nimmer, nimmer, nimmer wird er wiederkehren, und ich hab's ihm zugesagt mit einem heiligen Eide!

Amalia *(zurückspringend).* Verräther, wie ich dich ertappe! In eben dieser Laube beschwur er mich, keiner andern Liebe – wenn er sterben sollte – Siehst du, wie gottlos, wie abscheulich du – Geh aus meinen Augen!

Franz. Du kennst mich nicht, Amalia, du kennst mich gar nicht!

Amalia. O ich kenne dich, von jetzt an kenn' ich dich – und du wolltest ihm gleich sein? Vor dir sollt' er um mich geweint haben? vor dir? Ehe hätt' er meinen Namen auf den Pranger geschrieben! Geh den Augenblick!

Franz. Du beleidigst mich!

Amalia. Geh, sag' ich. Du hast mir eine kostbare Stunde gestohlen, sie werde dir an deinem Leben abgezogen.

Franz. Du hassest mich.

Amalia. Ich verachte dich, geh!

Franz *(mit den Füßen stampfend).* Wart! so sollst du vor mir zittern! Mich einem Bettler aufopfern? *(Zornig ab.)*

Amalia. Geh, Lotterbube – Jetzt bin ich wieder bei Karln – Bettler, sagt er? so hat die Welt sich umgedreht, Bettler sind Könige, und Könige sind Bettler! – Ich möchte die Lumpen, die er anhat, nicht mit dem Purpur der Gesalbten vertauschen – Der Blick, mit dem er bettelt, das muß ein großer, ein königlicher Blick sein – ein Blick, der die Herrlichkeit, den Pomp, die Triumphe der Großen und Reichen zernichtet! In den Staub mit dir, du prangendes Geschmeide! *(Sie reißt sich die Perlen vom Hals.)* Seid verdammt, Gold und Silber und Juwelen zu tragen, ihr Großen und Reichen! Seid verdammt, an üppigen Mahlen zu zechen! Verdammt, euren Gliedern wohl zu thun auf weichen Polstern der Wollust! Karl! Karl! so bin ich dein werth – *(Ab.)*

Zweiter Akt

Erste Scene

***Franz von Moor* nachdenkend in seinem Zimmer**

Es dauert mir zu lange – der Doctor will, er sei im Umkehren – das Leben eines Alten ist eine Ewigkeit! – Und nun wär' freie, ebene Bahn bis auf diesen ärgerlichen zähen Klumpen Fleisch, der mir, gleich dem unterirdischen Zauberhund in den Geistermärchen, den Weg zu meinen Schätzen verrammelt.

Müssen denn aber meine Entwürfe sich unter das eiserne Joch des Mechanismus beugen? – Soll sich mein hochfliegender Geist an den Schneckengang der *Materie* ketten lassen? – Ein Licht ausgeblasen, das ohnehin nur mit den letzten Öltropfen noch wuchert – mehr ist's nicht – Und doch möcht' ich das nicht gern selbst gethan haben, um der Leute willen. Ich möcht' ihn nicht gern getödtet, aber abgelebt. Ich möcht' es machen wie der gescheidte Arzt, nur umgekehrt. – Nicht der Natur durch einen Querstreich den Weg verrannt, sondern sie in ihrem eigenen Gange befördert. Und wir vermögen doch wirklich die Bedingungen des Lebens zu verlängern, warum sollten wir sie nicht auch verkürzen können?

Philosophen und Mediciner lehren mich, wie treffend die Stimmungen des Geists mit den Bewegungen der Maschine zusammenlauten. Gichtrische Empfindungen werden jederzeit von einer Dissonanz der mechanischen Schwingungen begleitet – Leidenschaften *mißhandeln* die Lebenskraft – der überladene Geist drückt sein Gehäuse zu Boden – Wie denn nun? – Wer es verstünde, dem Tod diesen ungebahnten Weg in das Schloß des Lebens zu ebenen? – den Körper vom Geist aus zu verderben – ha! ein Originalwerk! – wer das zu Stand brächte? – Ein Werk ohne Gleichen! – Sinne nach, Moor! – Das wär' eine Kunst, die's verdiente, dich zum Erfinder zu haben. Hat man doch die Giftmischerei beinahe in den Rang einer ordentlichen Wissenschaft erhoben und die Natur durch Experimente gezwungen ihre Schranken anzugeben, daß man nunmehr des Herzens Schläge Jahr' lang vorausrechnet und zu dem Pulse spricht: bis hieher und nicht weiter! – Wer sollte nicht auch hier seine Flügel versuchen?

Und wie ich nun werde zu Werk gehen müssen, diese süße, friedliche Eintracht der Seele mit ihrem Leibe zu stören? Welche Gattung von Empfindnissen ich werde wählen müssen? Welche wohl den Flor des Lebens am grimmigsten anfeinden? *Zorn?* – dieser heißhungrige Wolf frißt sich zu schnell satt – *Sorge?* – dieser Wurm nagt mir zu langsam – *Gram?* – diese Natter schleicht mir zu träge – *Furcht?* – die Hoffnung läßt sich nicht umgreifen – Was? sind das all die Henker des Menschen? – Ist das Arsenal des Todes so bald erschöpft? – *(Tiefsinnend.)* Wie? – Nun? – Was? Nein! – Ha! *(Auffahrend.) Schreck!* – Was kann der Schreck nicht? – Was kann Vernunft, Religion wider dieses Giganten eiskalte Umarmung? – Und doch? – Wenn er auch diesem Sturm stünde? – Wenn er? – O so komme du mir zu Hilfe, *Jammer*, und du, *Reue*, höllische Eumenide, grabende Schlange, die ihren Fraß wiederkäut und ihren eigenen Koth wiederfrißt, ewige Zerstörerinnen und ewige Schöpferinnen eures Giftes! und du, heulende *Selbstverklagung*, die du dein eigen Haus verwüstest und deine eigene Mutter verwundest – Und kommt auch ihr mir zu Hilfe, wohlthätige Grazien selbst, sanftlächelnde *Vergangenheit*, und du mit dem überquellenden Füllhorn, blühende *Zukunft*, haltet ihm in euren Spiegeln die Freuden des Himmels vor, wenn euer fliehender Fuß seinen geizigen Armen entgleitet – So fall' ich, Streich auf Streich, Sturm auf Sturm, dieses zerbrechliche Leben an, bis den Furientrupp zuletzt schließt – die *Verzweiflung!* Triumph! Triumph! – Der Plan ist fertig – schwer und kunstvoll wie keiner – zuverlässig – sicher – denn *(spöttisch)* des Zergliederers Messer findet ja keine Spuren von Wunde oder corrosivischem Gift.

(Entschlossen.) Wohlan denn! *(Hermann tritt auf.)* Ha! Deus ex machina! Hermann!

Hermann. Zu Euren Diensten, gnädiger Junker!

Franz *(gibt ihm die Hand)*. Die du keinem Undankbaren erweisest.

Hermann. Ich hab' Proben davon.

Franz. Du sollst mehr haben mit nächstem – mit nächstem, Hermann! – Ich habe dir etwas zu sagen, Hermann.

Hermann. Ich höre mit tausend Ohren.

Franz. Ich kenne dich, du bist ein entschloßner Kerl – Soldatenherz – Haar auf der Zunge! – Mein Vater hat dich sehr beleidigt, Hermann!

Hermann. Der Teufel hole mich, wenn ich's vergesse!

Franz. Das ist der Ton eines Mannes! Rache geziemt einer männlichen Brust. Du gefällst mir, Hermann. Nimm diesen Beutel, Hermann. Er sollte schwerer sein, wenn ich erst Herr wäre.

Hermann. Das ist ja mein ewiger Wunsch, gnädiger Junker; ich dank' Euch.

Franz. Wirklich, Hermann? wünschest du wirklich, ich wäre Herr? – aber mein Vater hat das Mark eines Löwen, und ich bin der jüngere Sohn.

Hermann. Ich wollt', Ihr wär't der ältere Sohn, und Euer Vater hätte das Mark eines schwindsüchtigen Mädchens.

Franz. Ha! wie dich der ältere Sohn dann belohnen wollte! wie er dich aus diesem unedlen Staub, der sich so wenig mit deinem Geist und Adel verträgt, ans Licht emporheben wollte! – Dann solltest du, ganz wie du da bist, mit Gold überzogen werden und mit vier Pferden durch die Straßen dahinrasseln, wahrhaftig! das solltest du! – Aber ich vergesse, wovon ich dir sagen wollte – hast du das Fräulein von Edelreich schon vergessen, Hermann?

Hermann. Wetter Element! was erinnert Ihr mich an das?

Franz. Mein Bruder hat sie dir weggefischt.

Hermann. Er soll dafür büßen!

Franz. Sie gab dir einen Korb. Ich glaube gar, er warf dich die Treppe hinunter.

Hermann. Ich will ihn dafür in die Hölle stoßen.

Franz. Er sagte: man raune sich einander ins Ohr, du seist zwischen dem Rindfleisch und Merrettig gemacht worden, und dein Vater habe dich nie ansehen können, ohne an die Brust zu schlagen und zu seufzen: Gott sei mir Sünder gnädig!

Hermann *(wild)*. Blitz, Donner und Hagel, seid still!

Franz. Er rieth dir, deinen Adelbrief im Aufstreich zu verkaufen und deine Strümpfe damit flicken zu lassen.

Hermann. Alle Teufel! ich will ihm die Augen mit den Nägeln auskratzen.

Franz. Was? du wirst böse? was kannst du böse auf ihn sein? was kannst du ihm Böses thun? was kann so eine Ratze gegen einen Löwen? Dein

Zorn versüßt ihm seinen Triumph nur. Du kannst nichts thun, als deine Zähne zusammenschlagen und deine Wuth an trocknem Brode auslassen.

Hermann *(stampft auf den Boden)*. Ich will ihn zu Staub zerreiben.

Franz *(klopft ihm auf die Achsel)*. Pfui, Hermann! du bist ein Cavalier. Du mußt den Schimpf nicht auf dir sitzen lassen. Du mußt das Fräulein nicht fahren lassen, nein, das mußt du um alle Welt nicht thun, Hermann! Hagel und Wetter! ich würde das Äußerste versuchen, wenn ich an deiner Stelle wäre.

Hermann. Ich ruhe nicht, bis ich *ihn* und *ihn* unterm Boden hab'.

Franz. Nicht so stürmisch, Hermann! Komm näher – du sollst Amalia haben.

Hermann. Das muß ich, trutz dem Teufel! das muß ich!

Franz. Du sollst sie haben, sag' ich dir, und das von meiner Hand. Komm näher, sag' ich – du weißt vielleicht nicht, daß Karl so gut als enterbt ist?

Hermann *(näher kommend)*. Unbegreiflich! das erste Wort, das ich höre.

Franz. Sei ruhig und höre weiter! du sollst ein andermal mehr davon hören – ja ich sage dir, seit eilf Monaten so gut als verbannt. Aber schon bereut der Alte den voreiligen Schritt, den er doch, *(lachend)* will ich hoffen, nicht selbst gethan hat. Auch liegt ihm die Edelreich täglich hart an mit ihren Vorwürfen und Klagen. Über kurz oder lang wird er ihn in allen vier Enden der Welt aufsuchen lassen, und gute Nacht, Hermann! wenn er ihn findet. Du kannst ihm ganz demüthig die Kutsche halten, wenn er mit ihr in die Kirche zur Trauung fährt.

Hermann. Ich will ihn am Crucifix erwürgen.

Franz. Der Vater wird ihm bald die Herrschaft abtreten und in Ruhe auf seinen Schlössern leben. Jetzt hat der stolze Strudelkopf den Zügel in Händen, jetzt lacht er seiner Hasser und Neider – und ich, der ich dich zu einem wichtigen großen Mann machen wollte, ich selbst, Hermann, werde tiefgebückt vor seiner Thürschwelle –

Hermann *(in Hitze).* Nein, so wahr ich Hermann heiße, das sollt Ihr nicht! wenn noch ein Fünkchen Verstand in diesem Gehirne glostet, das sollt Ihr nicht!

Franz. Wirst du das hindern? Auch dich, mein lieber Hermann, wird er seine Geißel fühlen lassen, wird dir ins Angesicht speien, wenn du ihm auf der Straße begegnest, und wehe dir dann, wenn du die Achsel zuckst oder das Maul krümmst – siehe, so steht's mit deiner Anwerbung ums Fräulein, mit deinen Aussichten, mit deinen Entwürfen.

Hermann. Sagt mir, was soll ich thun?

Franz. Höre denn, Hermann, daß du siehst, wie ich mir dein Schicksal zu Herzen nehme als ein redlicher Freund – geh – kleide dich um – mach dich ganz unkenntlich, laß dich beim Alten melden, gib vor, du kämest geraden Wegs aus Böhmen, hättest mit meinem Bruder dem Treffen bei Prag beigewohnt – hättest ihn auf der Walstatt den Geist aufgeben sehen –

Hermann. Wird man mir glauben?

Franz. Hoho! dafür laß mich sorgen! Nimm dieses Paket. Hier findest du deine Commission ausführlich. Und Documente dazu, die den Zweifel selbst glaubig machen sollen – Mach jetzt nur, daß du fortkommst, und ungesehen! Spring durch die Hinterthüre in den Hof, von da über die Gartenmauer – die Katastrophe dieser Tragi-Komödie überlaß mir!

Hermann. Und die wird sein: Vivat der neue Herr, Franciscus von Moor!

Franz *(streichelt ihm die Backen).* Wie schlau du bist? – denn siehst du, auf diese Art erreichen wir alle Zwecke zumal und bald. Amalia gibt ihre Hoffnung auf ihn auf. Der Alte mißt sich den Tod seines Sohnes bei, und – er kränkelt – ein schwankendes Gebäude braucht des Erdbebens nicht, um übern Haufen zu fallen – er wird die Nachricht nicht überleben – dann bin ich sein einziger Sohn – Amalia hat ihre Stützen verloren und ist ein Spiel meines Willens – da kannst du leicht denken – kurz, Alles geht nach Wunsch – aber du mußt dein Wort nicht zurücknehmen.

Hermann. Was sagt ihr? *(Frohlockend.)* Eh soll die Kugel in ihren Lauf zurückkehren und in dem Eingeweid ihres Schützen wüthen – rechnet auf mich! Laßt nur mich machen – Adieu!

Franz *(ihm nachrufend).* Die Ernte ist dein, lieber Hermann! – *(Allein.)* Wenn der Ochse den Kornwagen in die Scheune gezogen hat, so muß er mit Heu vorlieb nehmen. Dir eine Stallmagd, und keine Amalia! *(Geht ab.)*

Zweite Scene

Des alten Moors Schlafzimmer

***Der alte Moor** schlafend in seinem Lehnsessel. **Amalia**.*

Amalia *(sachte herbeischleichend).* Leise, leise! er schlummert. *(Sie stellt sich vor den Schlafenden.)* Wie schön, wie ehrwürdig! – ehrwürdig, wie man die Heiligen malt – nein, ich kann dir nicht zürnen! Weißlockigtes Haupt, dir kann ich nicht zürnen! Schlummre sanft, wache froh auf, ich allein will hingehn und leiden.

D. a. Moor *(träumend).* Mein Sohn! mein Sohn! mein Sohn!

Amalia *(ergreift seine Hand).* Horch, horch! sein Sohn ist in seinen Träumen.

D. a. Moor. Bist du da? bist du wirklich? Ach wie siehst du so elend! Sieh mich nicht an mit diesem kummervollen Blick! ich bin elend genug.

Amalia *(weckt ihn schnell).* Seht auf, lieber Greis! Ihr träumtet nur. Faßt Euch!

D. a. Moor *(halb wach).* Er war nicht da? drückt' ich nicht seine Hände? Garstiger Franz! willst du ihn auch meinen Träumen entreißen?

Amalia. Merkst du's, Amalia?

D. a. Moor *(ermuntert sich).* Wo ist er? wo? wo bin ich? Du da, Amalia?

Amalia. Wie ist Euch? Ihr schlieft einen erquickenden Schlummer.

D. a. Moor. Mir träumte von meinem Sohn. Warum hab' ich nicht fortgeträumt? Vielleicht hätte ich Verzeihung erhalten aus seinem Munde.

Amalia. Engel grollen nicht – er verzeiht Euch. *(Faßt seine Hand mit Wehmut.)* Vater meines Karls! ich verzeih' Euch.

D. a. Moor. Nein, meine Tochter! diese Todtenfarbe deines Angesichts verdammt den Vater. Armes Mädchen! Ich brachte dich um die Freuden deiner Jugend – o fluche mir nicht!

Amalia *(küßt seine Hand mit Zärtlichkeit)*. Euch?

D. a. Moor. Kennst du dieses Bild, meine Tochter?

Amalia. Karls! –

D. a. Moor. So sah er, als er ins sechzehnte Jahr ging. Jetzt ist er anders – Oh, es wüthet in meinem Innern – diese Milde ist Unwillen, dieses Lächeln Verzweiflung – Nicht wahr, Amalia? Es war an seinem Geburtstage in der Jasminlaube, als du ihn maltest? – Oh meine Tochter! Eure Liebe machte mich so glücklich.

Amalia *immer das Auge auf das Bild geheftet)*. Nein! nein! er ist's n. Bei Gott! Das ist Karl nicht – Hier, hier *(auf Herz und Stirne zeigend). So ganz, so anders. Die träge Farbe reicht nicht, den himmlischen Geist nachzuspiegeln, der in seinem feurigen Auge herrschte. Weg damit! dies ist so menschlich! Ich war eine Stümperin.*

D. a. Moor. Dieser huldreiche, erwärmende Blick – wär' er vor meinem Bette gestanden, ich hätte gelebt mitten im Tode! Nie, nie wär' ich gestorben!

Amalia. Nie, nie wär't Ihr gestorben! Es wär' ein Sprung gewesen, wie man von einem Gedanken auf einen andern und schönern hüpft – dieser Blick hätt' Euch übers Grab hinüber geleuchtet. Dieser Blick hätt' Euch über die Sterne getragen.

D. a. Moor. Es ist schwer, es ist traurig! Ich sterbe, und mein Sohn Karl ist nicht hier – ich werde zu Grabe getragen, und er weint nicht an meinem Grabe – Wie süß ist's, eingewiegt zu werden in den Schlaf des Todes von dem Gebet eines Sohnes – das ist Wiegengesang.

Amalia *(schwärmend)*. Ja süß, himmlisch süß ist's, eingewiegt zu werden in den Schlaf des Todes von dem Gesang des Geliebten – vielleicht träumt man auch im Grabe noch fort – ein langer, ewiger, unendlicher Traum von Karln, bis man die Glocke der Auferstehung läutet – *(aufspringend, entzückt)* und von jetzt an in seinen Armen auf ewig. *(Pause. Sie geht ans Clavier und spielt.)*

Willst dich, Hektor, ewig mir entreißen,
Wo des Äaciden mordend Eisen
Dem Patroklus schrecklich Opfer bringt?
Wer wird künftig deinen Kleinen lehren
Speere werfen und die Götter ehren,
Wenn hinunter dich der Xanthus schlingt?

D. a. Moor. Ein schönes Lied, meine Tochter. Das mußt du mir vorspielen, eh ich sterbe.

Amalia. Es ist der Abschied Andromachas und Hektors – Karl und ich haben's oft zusammen zu der Laute gesungen. *(Spielt fort.)*

Theures Weib, geh, hol' die Todeslanze,
Laß mich fort zum wilden Kriegestanze!
Meine Schultern tragen Ilium.
Über Astyanax unsre Götter!
Hektor fällt, ein Vaterlands Erretter,
Und wir sehn uns wider in Elysium.

Daniel.

Daniel. Es wartet draußen ein Mann auf Euch. Er bittet, vorgelassen zu werden, er hab' Euch eine wichtige Zeitung.

D. a. Moor. Mir ist auf der Welt nur etwas wichtig, du weißt's, Amalia – Ist's ein Unglücklicher, der meiner Hilfe bedarf? Er soll nicht mit Seufzen von hinnen gehn.

Amalia. Ist's ein Bettler, er soll eilig herauf kommen. *(Daniel ab.*

D. a. Moor. Amalia! Amalia! schone meiner!

Amalia *(spielt fort)*

Nimmer lausch' ich deiner Waffen Schalle,
Einsam liegt dein Eisen in der Halle,
Priams großer Heldenstamm verdirbt!
Du wirst hingehn, wo kein Tag mehr scheinet,
Der Cocytus durch die Wüsten weinet,
Deine Liebe in dem Lethe stirbt.

All mein Sehnen, all mein Denken
Soll der schwarze Lethefluß ertränken,
Aber meine Liebe nicht!
Horch! der Wilde rast schon an den Mauern –
Gürte mir das Schwert um, laß das Trauern!
Hektors Liebe stirbt im Lethe nicht.

Franz. Hermann** verkappt. **Daniel.

Franz. Hier ist der Mann. Schreckliche Botschaften, sagt er, warten auf Euch. Könnt Ihr sie hören?

D. a. Moor. Ich kenne nur *eine*. Tritt her, mein Freund, und schone mein nicht! Reicht ihm einen Becher Wein!

Hermann *(mit veränderter Stimme)*. Gnädiger Herr! laßt es einen armen Mann nicht entgelten, wenn er wider Willen Euer Herz durchbohrt. Ich bin ein Fremdling in diesem Lande, aber Euch kenn' ich sehr gut, Ihr seid der Vater Karls von Moor.

D. a. Moor. Woher weißt du das?

Hermann. Ich kannte Euren Sohn –

Amalia *(auffahrend)*. Er lebt? lebt? Du kennst ihn? wo ist er? wo, wo? *(Will hinwegrennen.)*

D. a. Moor. Du weißt von meinem Sohn?

Hermann. Er studierte in Leipzig. Von da zog er, ich weiß nicht wie weit, herum. Er durchschwärmte Deutschland in die Runde und, wie er mir sagte, mit unbedecktem Haupt, barfuß, und erbettelte sein Brod vor den Thüren. Fünf Monate drauf brach der leidige Krieg zwischen Preußen und Östreich wieder aus, und da er auf der Welt nichts mehr zu hoffen hatte, zog ihn der Hall von Friedrichs siegreicher Trommel nach Böhmen. Erlaubt mir, sagte er zum großen Schwerin, daß ich den Tod sterbe auf dem Bette der Helden, ich hab' keinen Vater mehr! –

D. a. Moor. Sieh mich nicht an, Amalia!

Hermann. Man gab ihm eine Fahne. Er flog den preußischen Siegesflug mit. Wir kamen zusammen unter ein Zelt zu liegen. Er sprach viel von seinem alten Vater und von bessern, vergangenen Tagen – und von vereitelten Hoffnungen – uns standen die Thränen in den Augen.

D. a. Moor *(verhüllt sein Haupt in das Kissen)*. Stille, o stille!

Hermann. Acht Tage drauf war das heiße Treffen bei Prag – ich darf Euch sagen, Euer Sohn hat sich gehalten wie ein wackerer Kriegsmann. Er that Wunder vor den Augen der Armee. Fünf Regimenter mußten neben ihm wechseln, er stand. Feuerkugeln fielen rechts und links, Euer Sohn stand. Eine Kugel zerschmetterte ihm die rechte Hand, Euer Sohn nahm die Fahne in die linke, und stand –

Amalia *(in Entzückung)*. Hektor, Hektor! Hört Ihr's? er stand –

Hermann. Ich traf ihn am Abend der Schlacht niedergesunken unter Kugelgepfeife, mit der Linken hielt er das stürzende Blut, die Rechte hatte er in die Erde gegraben. Bruder! rief er mir entgegen, es lief ein Gemurmel durch die Glieder: der General sei vor einer Stunde gefallen – Er ist gefallen, sagt' ich, und du? – Nun, wer ein braver Soldat ist, rief er und ließ die linke Hand los, der folge seinem General wie ich! Bald darauf hauchte er seine große Seele dem Helden zu.

Franz *(wild auf Hermann losgehend)*. Daß der Tod deine verfluchte Zunge versiegle! Bist du hieher kommen, unserem Vater den Todesstoß zu geben? – Vater! Amalia! Vater!

Hermann. Es war der letzte Wille meines sterbenden Kameraden. Nimm dies Schwert, röchelte er, du wirst's meinem alten Vater überliefern; das Blut seines Sohnes klebt daran; er ist gerochen, er mag sich weiden. Sag' ihm, sein Fluch hätte mich gejagt in Kampf und Tod, ich sei gefallen in Verzweiflung! Sein letzter Seufzer war Amalia.

Amalia *(wie aus einem Todesschlummer aufgejagt)*. Sein letzter Seufzer Amalia.

D. a. Moor *(gräßlich schreiend, sich die Haare ausraufend)*. Mein Fluch ihn gejagt in den Tod! gefallen in Verzweiflung!

Franz *(umherirrend im Zimmer)*. Oh! was habt Ihr gemacht, Vater? Mein Karl, mein Bruder!

Hermann. Hier ist das Schwert, und hier ist auch ein Portrait, das er zu gleicher Zeit aus dem Busen zog! Es gleicht diesem Fräulein auf ein Haar. Dies soll meinem Bruder Franz, sagte er, – ich weiß nicht, was er damit sagen wollte.

Franz *(wie erstaunt)*. Mir? Amalias Portrait? Mir, Karl, Amalia? Mir?

Amalia *(heftig auf Hermann losgehend)*. Feiler bestochener Betrüger! *(Faßt ihn hart an.)*

Hermann. Das bin ich nicht, gnädiges Fräulein. Sehet selbst, ob's nicht Euer Bild ist – Ihr mögt's ihm wohl selbst gegeben haben.

Franz. Bei Gott! Amalia, das deine! Es ist wahrlich das deine!

Amalia *(gibt ihm das Bild zurück)*. Mein, mein! O Himmel und Erde!

D. a. Moor *(schreiend, sein Gesicht zerfleischend)*. Wehe, wehe! mein Fluch ihn gejagt in den Tod! gefallen in Verzweiflung!

Franz. Und er gedachte meiner in der letzten schweren Stunde des Scheidens, meiner! Englische Seele – da schon das schwarze Panier des Todes über ihm rauschte – meiner! –

D. a. Moor *(lallend)*. Mein Fluch ihn gejagt in den Tod, gefallen mein Sohn in Verzweiflung! –

Hermann. Den Jammer steh' ich nicht aus. Lebt wohl, alter Herr! *(Leise zu Franz.)* Warum habt Ihr auch das gemacht, Junker? *(Geht schnell ab.)*

Amalia *(aufspringend, ihm nach)*. Bleib, bleib! Was waren seine letzten Worte?

Hermann *(zurückrufend)*. Sein letzter Seufzer war Amalia. *(Ab.)*

Amalia. Sein letzter Seufzer war Amalia! – Nein, du bist kein Betrüger! So ist es wahr – wahr – er ist todt! – todt! – *(hin und her taumelnd, bis sie umsinkt)* todt – Karl ist todt –

Franz. Was seh' ich? Was steht da auf dem Schwert? geschrieben mit Blut – Amalia!

Amalia. Von ihm?

Franz. Seh' ich recht oder träum' ich? Siehe da mit blutiger Schrift: *Franz, verlaß meine Amalia nicht*. Sieh doch! sieh doch! – und auf der andern Seite: *Amalia, deinen Eid zerbrach der allgewaltige Tod*. – Siehst du nun, siehst du nun? er schrieb's mit erstarrender Hand, schrieb's mit dem warmen Blut seines Herzens, schrieb's an der Ewigkeit feierlichem Rande! Sein fliehender Geist verzog, Franz und Amalia noch zusammen zu knüpfen.

Amalia. Heiliger Gott! es ist seine Hand. – Er hat mich nie geliebt! *(Schnell ab.)*

Franz *(auf den Boden stampfend)*. Verzweifelt! meine ganze Kunst erliegt an dem Starrkopf.

D. a. Moor. Wehe, wehe! Verlaß mich nicht, meine Tochter! – Franz, Franz! gib mir meinen Sohn wieder!

Franz. Wer war's, der ihm den Fluch gab? Wer war's, der seinen Sohn jagte in Kampf und Tod und Verzweiflung? – Oh! er war ein Engel, ein Kleinod des Himmels. Fluch über seine Henker! Fluch, Fluch über Euch selber! –

D. a. Moor *(schlägt mit geballter Faust wider Brust und Stirn)*. Er war ein Engel, war Kleinod des Himmels! Fluch, Fluch, Verderben, Fluch über mich selber! Ich bin der Vater, der seinen großen Sohn erschlug. Mich liebt' er bis in den Tod! mich zu rächen, rannte er in Kampf und Tod! Ungeheuer, Ungeheuer! *(Wüthet wider sich selber.)*

Franz. Er ist dahin, was helfen späte Klagen? *(Höhnisch lachend.)* Es ist leichter morden, als lebendig machen. Ihr werdet ihn nimmer aus seinem Grabe zurückholen.

D. a. Moor. Nimmer, nimmer, nimmer aus dem Grabe zurückholen. Hin, verloren auf ewig! Und du hast mir den Fluch aus dem Herzen geschwätzt, du – du – Meinen Sohn mir wieder!

Franz. Reizt meinen Grimm nicht. Ich verlaß Euch im Tode! –

D. a. Moor. Scheusal! Scheusal! schaff mir meinen Sohn wieder! *(Fährt aus dem Sessel, will Franzen an der Gurgel fassen, der ihn zurückschleudert.)*

Franz. Kraftlose Knochen! ihr wagt es – Sterbt! Verzweifelt! *(Ab.)*

Der alte Moor.

Tausend Flüche donnern dir nach! du hast mir meinen Sohn aus den Armen gestohlen. *(Voll Verzweiflung hin und her geworfen im Sessel.)* Wehe, wehe! Verzweifeln, aber nicht sterben! – Sie fliehen, verlassen mich im Tode – meine guten Engel fliehen von mir, weichen alle die Heiligen vom eisgrauen Mörder. – Wehe, wehe! Will mir Keiner das Haupt halten, will Keiner die ringende Seele entbinden? Keine Söhne! keine Töchter! keine Freunde! – Menschen nur – will Keiner, allein – verlassen – Wehe, wehe! – Verzweifeln, aber nicht sterben!

***Amalia** mit verweinten Augen.*

D. a. Moor. Amalia! Bote des Himmels! Kommst du, meine Seele zu lösen?

Amalia *(mit sanfterem Ton)*. Ihr habt einen herrlichen Sohn verloren.

D. a. Moor. *Ermordet*, willst du sagen. Mit diesem Zeugnis belastet, tret' ich vor den Richterstuhl Gottes.

Amalia. Nicht also, jammervoller Greis! der himmlische Vater rückt' ihn zu sich. Wir wären zu glücklich gewesen auf dieser Welt. – Droben, droben über den Sonnen – Wir sehn ihn wieder.

D. a. Moor. Wiedersehen, wiedersehen! Oh, es wird mir durch die Seele schneiden ein Schwert – wenn ich ein Heiliger ihn unter den Heiligen finde – Mitten im Himmel werden durch mich schauern Schauer der Hölle! Im Anschauen des Unendlichen mich zermalmen die Erinnerung: ich hab' meinen Sohn ermordet!

Amalia. Oh, er wird Euch die Schmerzerinnerung aus der Seele lächeln! Seid doch heiter, lieber Vater! ich bin's so ganz. Hat er nicht schon den himmlischen Hörern den Namen Amalia vorgesungen auf der seraphischen Harfe, und die himmlischen Hörer lispelten ihm leise nach? Sein letzter Seufzer war ja Amalia! Wird nicht sein erster Jubel Amalia sein?

D. a. Moor. Himmlischer Trost quillt von deinen Lippen! Er wird mir lächeln, sagst du? vergeben? Du mußt bei mir bleiben, Geliebte meines Karls, wenn ich sterbe.

Amalia. Sterben ist Flug in seine Arme. Wohl Euch! Ihr seid zu beneiden. Warum sind diese Gebeine nicht mürb? warum diese Haare nicht grau? Wehe über die Kräfte der Jugend! Willkommen, du markloses Alter, näher gelegen dem Himmel und meinem Karl!

Franz tritt auf.

D. a. Moor. Tritt her, mein Sohn! Vergib mir, wenn ich vorhin zu hart gegen dich war! Ich vergebe dir Alles. Ich möchte so gern im Frieden den Geist aufgeben.

Franz. Habt Ihr genug um Euren Sohn geweint? So viel ich sehe, habt Ihr nur einen.

D. a. Moor. Jakob hatte der Söhne zwölf, aber um seinen Joseph hat er blutige Thränen geweint.

Franz. Hum!

D. a. Moor. Geh, nimm die Bibel, meine Tochter, und lies mir die Geschichte Jakobs und Josephs! Sie hat mich immer so gerührt, und damals bin ich noch nicht Jakob gewesen.

Amalia. Welches soll ich Euch lesen? *(Nimmt die Bibel und blättert.)*

D. a. Moor. Lies mir den Jammer des Verlassenen, als er ihn nimmer unter seinen Kindern fand – und vergebens sein harrte im Kreis seiner eilfe – und sein Klagelied, als er vernahm, sein Joseph sei ihm genommen auf ewig –

Amalia *(liest).* „Da nahmen sie Josephs Rock, und schlachteten einen Ziegenbock, und tauchten den Rock in das Blut, und schickten den bunten Rock hin, und ließen ihn ihrem Vater bringen, und sagen: diesen haben wir funden, siehe, ob's deines Sohnes Rock sei, oder nicht?" *(Franz geht plötzlich hinweg.)* "Er kannte ihn aber und sprach: Es ist meines Sohnes Rock, ein böses Thier hat ihn gefressen, ein reißend Thier hat Joseph zerrissen."

D. a. Moor *(fällt auf Kissen zurück).* Ein reißend Thier hat Joseph zerrissen!

Amalia *(liest weiter).* „Und Jakob zerriß seine Kleider, und legte einen Sack um seine Lenden, und trug Leide um seinen Sohn lange Zeit, und alle seine Söhne und Töchter traten auf, daß sie ihn trösteten; aber er wollte sich nicht trösten lassen und sprach: Ich werde mit Leid hinunterfahren –"

D. a. Moor. Hör' auf, hör' auf! Mir wird sehr übel.

Amalia *(hinzuspringend, läßt das Buch fallen).* Hilf Himmel! Was ist das?

D. a. Moor. Das ist der Tod! – Schwarz – schwimmt – vor meinen – Augen – ich bitt' dich – ruf dem Pastor – daß er mir – das Abendmahl reiche – Wo ist – mein Sohn Franz?

Amalia. Er ist geflohen! Gott erbarme sich unser!

D. a. Moor. Geflohen – geflohen von des Sterbenden Bette? – Und das all – all – von zwei Kindern voll Hoffnung – du hast sie – gegeben – hast sie – genommen – – dein Name sei – –

Amalia *(mit einem plötzlichen Schrei).* Todt! Alles todt! *(Ab in Verzweiflung.)*

***Franz** hüpft frohlockend herein.*

Todt, schreien sie, *todt!* Jetzt bin ich *Herr.* Im ganzen Schlosses zetert es: *todt.* – Wie aber, *schläft* er vielleicht nur? – Freilich, ach freilich! das ist nun freilich ein Schlaf, wo es ewig niemals „Guten Morgen" heißt – Schlaf und Tod sind nur Zwillinge. Wir wollen einmal die Namen wechseln! Wackerer, willkommener Schlaf! Wir wollen dich Tod heißen! *(Er drückt ihm die Augen zu.)* Wer wird nun kommen und es wagen, mich vor Gericht zu fordern? oder mir ins Angesicht zu sagen: du bist ein *Schurke!* Weg denn mit dieser lästigen Larve von Sanftmuth und Tugend! Nun sollt ihr den nackten Franz sehen und euch entsetzen! Mein Vater überzuckerte seine Forderungen, schuf sein Gebiet zu einem Familienzirkel um, saß liebreich lächelnd am Thor und grüßte sei Brüder und Kinder. – Meine Augbraunen sollen über euch herhangen wie Gewitterwolken, mein herrischer Name schweben wie ein drohender Komet über diesen Gebirgen, meine Stirne soll euer Wetterglas sein! Er streichelte und koste den Nacken, der gegen ihn störrig zurückschlug. Streicheln und kosen ist meine Sache nicht. Ich will euch die zackigten Sporen ins Fleisch hauen und die scharfe Geißel versuchen. – In meinem Gebiet soll's so weit kommen, daß Kartoffeln und dünn Bier ein Tractament für Festtage werden, und wehe Dem, der mir mit vollen, feurigen Backen unter die Augen tritt! Blässe der Armuth und sklavischen Furcht sind meine Leibfarbe; in diese Liverei will ich euch kleiden! *(Er geht ab.)*

Dritte Scene

Die böhmischen Wälder

Spiegelberg. Razmann. Räuberhaufen.

Razmann. Bist da? bist's wirklich? So laß dich doch zu Brei zusammendrücken, lieber Herzensbruder Moritz! Willkommen in den böhmischen Wäldern! Bist ja groß worden und stark. Stern-Kreuz-Bataillon! Bringst ja Rekruten mit einen ganzen Trieb, du trefflicher Werber!

Spiegelberg. Gelt, Bruder? gelt? Und das ganze Kerl dazu! – Du glaubst nicht, Gottes sichtbarer Segen ist bei mir: war dir ein armer hungriger Tropf, hatte nichts als diesen Stab, da ich über den Jordan ging, und jetzt sind unserer acht und siebenzig, meistens ruinierte Krämer, rejicierte Magister und Schreiber aus den schwäbischen Provinzen; das ist dir ein Corps Kerles, Bruder, deliciöse Bursche, sag' ich dir, wo als einer dem andern die Knöpfe von den Hosen stiehlt und mit geladener Flinte neben ihm sicher ist – und haben vollauf und stehen dir in einem Renomm ée vierzig Meilen weit, das nicht zu begreifen ist. Da ist dir keine Zeitung, wo du nicht ein Artikelchen von dem Schlaukopf Spiegelberg wirst getroffen haben; ich halte sie mir auch pur deßwegen – vom Kopf bis zun Füßen haben sie mich dir hingestellt, du meinst, du sähst mich; sogar meine Rockknöpfe haben sie nicht vergessen. Aber wir führen sie erbärmlich am Narrenseil herum. Ich geh' letzthin in die Druckerei, geb' vor, ich hätte den berüchtigten Spiegelberg gesehen, und dictier' einem Skrizler, der dort saß, das leibhafte Bild von einem dortigen Wurmdoctor in die Feder; das Ding kommt um, der Kerl wird eingezogen, parforce inquiriert, und in der Angst und in der Dummheit gesteht er dir, hol' mich der Teufel! gesteht dir, *er sei der Spiegelberg* – Donner und Wetter! ich war eben auf dem Sprung, mich beim Magistrat anzugeben, daß die Canaille mir meinen Namen so verhunzen soll – wie ich sage, drei Monat drauf hangt er. Ich mußte nachher eine derbe Prise Toback in die Nase reiben, als ich am Galgen vorbeispazierte und den Pseudo-Spiegelberg in seiner Glorie da paradieren sah – und unterdessen daß Spiegelberg hangt, schleicht sich

Spiegelberg ganz sachte aus den Schlingen und deutet der superklugen Gerechtigkeit hinterrücks Eselsohren, daß 's zum Erbarmen ist.

Razmann *(lacht)*. Du bist eben noch immer der Alte.

Spiegelberg. Das bin ich, wie du siehst, an Leib und Seel. Narr! einen Spaß muß ich dir doch erzählen, den ich neulich im Cäcilien-Kloster angerichtet habe. Ich treffe das Kloster auf meiner Wanderschaft so gegen die Dämmerung, und da ich eben den Tag noch keine Patrone verschossen hatte – du weißt, ich hasse das diem perdidi auf den Tod – so mußte die Nacht noch durch einen Streich verherrlicht werden, und sollt's dem Teufel um ein Ohr gelten! Wir halten uns ruhig bis in die späte Nacht. Es wird mausstill. Die Lichter gehen aus. Wir denken, die Nonnen könnten jetzt in den Federn sein. Nun nehm' ich meinen Kameraden Grimm mit mir, heiß' die andern warten vorm Thor, bis sie mein Pfeifchen hören würden, – versichere mich des Klosterwächters, nehm' ihm die Schlüssel ab, schleich' mich hinein, wo die Mägde schliefen, praktizier' ihnen die Kleider weg, und heraus mit dem Pack zum Thor. Wir gehen weiter von Zelle zu Zelle, nehmen einer Schwester nach der andern die Kleider, endlich auch der Äbtissin – Jetzt pfeif' ich, und meine Kerls draußen fangen an zu stürmen und zu hasselieren, als käm' der jüngste Tag, und hinein mit bestialischem Gepolter in die Zellen der Schwestern – hahaha! – da hättest du die Hatz sehen sollen, wie die armen Thierchen in der Finstere nach ihren Röcken tappten und sich jämmerlich geberdeten, wie sie zum Teufel waren, und wir indeß wie alle Donnerwetter zugesetzt, und wie sie sich vor Schreck und Bestürzung in Bettlaken wickelten, oder unter dem Ofen zusammenkrochen wie Katzen, andere in der Angst ihres Herzens die Stube so besprengten, daß du hättest das Schwimmen drin lernen können, und das erbärmliche Gezeter und Lamento, und endlich gar die alte Schnurre, die Äbtissin, angezogen wie Eva *vor* dem Fall – du weißt, Bruder, daß mir auf diesem weiten Erdenrund kein Geschöpf so zuwider ist, als eine *Spinne* und ein *altes Weib*, und nun denk' dir einmal die schwarzbraune, runzlichte, zottigte Vettel vor mir herumtanzen und mich bei ihrer jungfräulichen Sittsamkeit beschwören – alle Teufel! ich hatte schon den Ellbogen angesetzt, ihr die übriggebliebenen *wenigen edlen* vollends in den Mastdarm zu stoßen – kurz resolviert! entweder heraus mit dem Silbergeschirr, mit dem Klosterschatz und allen den blanken Thälerchen, oder – meine Kerls verstanden mich schon – ich sage dir, ich hab' aus dem Kloster mehr denn tausend Thaler Werths geschleift, und den Spaß obendrein, und meine Kerls haben ihnen ein Andenken hinterlassen, sie werden ihre neun Monate dran zu schleppen haben.

Razmann *(auf den Boden stampfend)*. Daß mich der Donner da weg hatte!

Spiegelberg. Siehst du? Sag' du mehr, als ob das kein Luderleben ist? und dabei bleibt man frisch und stark, und das Corpus ist noch beisammen und schwillt dir stündlich wie ein Prälats-Bauch – ich weiß nicht, ich muß was Magnetisches an mir haben, das dir alles Lumpengesindel auf Gottes Erdboden anzieht wie Stahl und Eisen.

Razmann. Schöner Magnet du! Aber so möcht' ich Henkers doch wissen, was für Hexereien du brauchst –

Spiegelberg. Hexereien? Braucht keine Hexereien – Kopf mußt du haben! Ein gewisses praktisches Judicium, das man freilich nicht in der Gerste frißt – denn siehst du, ich pfleg' immer zu sagen: einen honetten Mann kann man aus jedem Weidenstotzen formen, aber zu einem Spitzbuben will's Grütz – auch gehört dazu ein eigenes Nationalgenie, ein gewisses, daß ich so sage, *Spitzbubenklima*, und da rath ich dir, reis' du ins Graubünder Land, das ist das Athen der heutigen Gauner.

Razmann. Bruder! man hat mir überhaupt das ganze Italien gerühmt.

Spiegelberg. Ja, ja! man muß Niemand sein Recht vorenthalten, Italien weist auch seine Männer auf, und wenn Deutschland so fortmacht, wie es bereits auf dem Weg ist, und die Bibel vollends hinausvotiert, wie es die glänzendsten Aspecten hat, so kann mit der Zeit auch noch aus Deutschland was Gutes kommen – überhaupt aber, muß ich dir sagen, macht das Klima nicht sonderlich viel, das Genie kommt überall fort, und das Übrige, Bruder – ein Holzapfel, weißt du wohl, wird im

Paradiesgärtlein selber ewig keine Ananas – aber daß ich dir weiter sage – wo bin ich stehen geblieben?

Razmann. Bei den Kunstgriffen!

Spiegelberg. Ja recht, bei den Kunstgriffen. So ist dein Erstes, wenn du in die Stadt kommst, du ziehst bei den Bettelvögten, Stadtpatrollanten und Zuchtknechten Kundschaft ein, wer so am fleißigsten bei ihnen einspreche, die Ehre gebe, und diese Kunden suchst du auf – ferner nistest du dich in die Kaffeehäuser, Bordelle, Wirthshäuser ein, spähst, sondierst, wer am meisten über die wohlfeile Zeit, die fünf pro Cent, über die einreißende Pest der Polizeiverbesserungen schreit, wer am meisten über die Regierung schimpft, oder wider die Physiognomik eifert und dergleichen, Bruder! das ist die rechte Höhe! die Ehrlichkeit wackelt wie ein hohler Zahn, du darfst nur den Pelikan ansetzen – oder besser und kürzer: du gehst und wirfst einen vollen Beutel auf die offene Straße, versteckst dich irgendwo und merkst dir wohl, wer ihn aufhebt – eine Weile drauf jagst du hinterher, suchst, schreist und fragst nur so im Vorbeigehen: haben der Herr nicht etwa einen Geldbeutel gefunden? Sagt er *ja*, – nun so hat's der Teufel gesehen: läugnet er's aber: der Herr verzeihen – ich wüßte mich nicht zu entsinnen, – ich bedaure *(aufspringend)* Bruder! Triumph, Bruder! Lösch deine Laterne aus, schlauer Diogenes! – du hast deinen Mann gefunden.

Razmann. Du bist ein ausgelernter Praktikus.

Spiegelberg. Mein Gott! als ob ich noch jemals dran gezweifelt hätte – Nun du deinen Mann in dem Hamen hast, mußt du's auch fein schlau angreifen, daß du ihn hebst! – Siehst du, mein Sohn! das hab' ich so gemacht: – Sobald ich einmal die Fährte hatte, hängt' ich mich meinem Candidaten an wie eine Klette, saufte Brüderschaft mit ihm, und Notabene! zechfrei mußt du ihn halten! da geht freilich ein Schönes drauf, aber das achtest du nicht – – du gehst weiter, du führst ihn in Spielcompagnieen und bei liederlichen Menschern ein, verwickelst ihn in Schlägereien und schelmische Streiche, bis er an Saft und Kraft und Geld und Gewissen und gutem Namen bankrutt wird; denn incidenter muß ich dir sagen, du richtest nichts aus, wenn du nicht Leib und Seele verderbst – Glaube mir, Bruder! das hab' ich aus meiner starken Praxi wohl fünfzigmal abstrahiert, wenn der ehrliche Mann einmal aus dem Nest gejagt ist, so ist der Teufel Meister – der Schritt ist dann so leicht – o so leicht, als der Sprung von einer Hure zu einer Betschwester. – Horch doch! was für ein Knall war das?

Razmann. Es war gedonnert, nur fortgemacht!

Spiegelberg. Noch ein kürzerer, besserer Weg ist der, du plünderst deinem Mann Haus und Hof ab, bis ihm kein Hemd mehr am Leibe hebt, alsdann kommt er dir von selber – lern' mich die Pfiffe nicht, Bruder – frag' einmal das Kupfergesicht dort – Schwere Noth! den hab' ich schön ins Garn gekriegt – ich hielt ihm vierzig Dukaten hin, die sollt' er haben, wenn er mir seines Herrn Schlüssel in Wachs drücken wollte – denk' einmal! die dumme Bestie thut's, bringt mir, hol' mich der Teufel! die Schlüssel und will jetzt das Geld haben – Monsieur, sagt' ich, weiß Er auch, daß ich jetzt diese Schlüssel gerades Wegs zum Polizeilieutnant trage und Ihm ein Logis am lichten Galgen miethe? – Tausend Sakerment! da hättest du den Kerl sehen sollen die Augen aufreißen und anfangen zu zappeln wie ein nasser Pudel – – „Um's Himmels willen, hab' der Herr doch Einsicht! ich will – will –“ Was will Er? will Er jetzt gleich den Zopf hinaufschlagen und mit mir zum Teufel gehn? – „O von Herzen gern, mit Freuden“ – Hahaha! guter Schlucker, mit Speck fängt man Mäuse – Lach' ihn doch aus, Razmann! hahaha!

Razmann. Ja, ja, ich muß gestehen. Ich will mir diese Lection mit goldenen Ziffern auf meine Hirntafel schreiben. Der Satan mag seine Leute kennen, daß er dich zu seinem Mäkler gemacht hat.

Spiegelberg. Gelt, Bruder? und ich denke, wenn ich ihm zehen stelle, läßt er mich frei ausgehen – gibt ja jeder Verleger seinem Sammler das zehente Exemplar gratis, warum soll der Teufel so jüdisch zu Werk gehn? Razmann! ich rieche Pulver –

Razmann. Sapperment! ich riech's auch schon lang. – Gib Acht, es wird in der Näh was gesetzt haben! – Ja, ja, wie ich dir sage, Moritz, du wirst dem Hauptmann mit deinen Rekruten willkommen sein – er hat auch schon brave Kerl angelockt.

Spiegelberg. Aber die meinen! die meinen! – Pah –

Razmann. Nun ja! sie mögen hübsche Fingerchen haben – aber ich sage dir, der Ruf unsers Hauptmanns hat auch schon ehrliche Kerl in Versuchung geführt.

Spiegelberg. Ich will nicht hoffen.

Razmann. Sans Spaß! und sie schämen sich nicht, unter ihm zu dienen. Er mordet nicht um des Raubes willen, wie wir – nach dem Geld schien er nicht mehr zu fragen, sobald er's vollauf haben konnte, und selbst sein Drittheil an der Beute, das ihn von Rechtswegen trifft, verschenkt er an Waisenkinder, oder läßt damit arme Jungen von Hoffnung studieren. Aber soll er dir einen Landjunker schröpfen, der seine Bauern wie das Vieh abschindet, oder einen Schurken mit goldnen Borten unter den Hammer kriegen, der die Gesetze falschmünzt und das Auge der Gerechtigkeit übersilbert, oder sonst ein Herrchen von dem Gelichter – Kerl! da ist er dir in seinem Element und haust teufelmäßig, als wenn jede Faser an ihm eine Furie wäre.

Spiegelberg. Hum! Hum!

Razmann. Neulich erfuhren wir im Wirthshaus, daß ein reicher Graf von Regensburg durchkommen würde, der einen Proceß von einer Million durch die Pfiffe seines Advokaten durchgesetzt hätte; er saß eben am Tisch und brettelte. – Wie viel sind unserer? frug er mich, indem er hastig aufstand; ich sah ihn die Unterlippe zwischen die Zähne klemmen, welches er nur thut, wenn er am grimmigsten ist – Nicht mehr als fünf! sagt' ich – Es ist genug! sagt' er, warf der Wirthin das Geld auf den Tisch, ließ den Wein, den er sich hatte reichen lassen, unberührt stehen – wir machten uns auf den Weg. Die ganze Zeit über sprach er kein Wort, lief abseitwärts und allein, nur daß er uns von Zeit zu Zeit fragte, ob wir noch nichts gewahr worden wären, und uns befahl, das Ohr an die Erde zu legen. Endlich so kommt der Graf hergefahren, der Wagen schwer bepackt, der Advokat saß bei ihm drinn, voraus ein Reiter, nebenher ritten zwei Knechte – da hättest du den Mann sehen sollen, wie er, zwei Terzerolen in der Hand, vor uns her auf den Wagen zusprang! und die Stimme,. mit der er rief: Halt! – Der Kutscher, der nicht Halt machen wollte, mußte vom Bock herabtanzen; der Graf schoß aus dem Wagen in den Wind, die Reiter flohen – Dein Geld, Canaille! rief er donnernd – er lag wie ein Stier unter dem Beil – und bist du der Schelm, der die Gerechtigkeit zur feilen Hure macht? Der Advokat zitterte, daß ihm die Zähne klapperten, – der Dolch stak in seinem Bauch wie ein Pfahl im Weinberg – Ich habe das Meine gethan! rief er und wandte sich stolz von uns weg; das Plündern ist eure Sache. Und somit verschwand er im Wald –

Spiegelberg. Hum! hum! Bruder, was ich dir vorhin erzählt habe, bleibt unter uns, er braucht's nicht zu wissen. Verstehst du?

Razmann. Recht, recht, ich versteh'.

Spiegelberg. Du kennst ihn ja! Er hat so seine Grillen. Du verstehst mich.

Razmann. Ich versteh', ich versteh'.

Schwarz in vollem Lauf.

Razmann. Wer da? was gibt's da? Passagiers im Walde?

Schwarz. Hurtig, hurtig! wo sind die Andern? – Tausendsakerment! Ihr steht da und plaudert! Wißt ihr denn nicht – wißt ihr denn gar nicht? – und Roller –

Razmann. Was denn? was denn?

Schwarz. Roller ist gehangen, noch vier Andere mit.

Razmann. Roller? Schwere Noth! seit wann – woher weißt du's?

Schwarz. Schon über drei Wochen sitzt er, und wir erfahren nichts, schon drei Rechtstäge sind über ihn gehalten worden, und wir hören nichts; man hat ihn auf der Tortur examiniert, wo der Hauptmann sei? – der wackere Bursche hat nichts bekannt; gestern ist ihm der Proceß gemacht worden, diesen Morgen ist der dem Teufel extra Post zugefahren.

Razmann. Vermaledeit! weiß es der Hauptmann?

Schwarz. Erst gestern erfährt er's. Er schäumt wie ein Eber. Du weißt, er hat immer am meisten gehalten auf Roller, und nun die *Tortur erst* – Strick und Leiter sind schon an den Thurm gebracht worden, es half nichts; er selbst hat sich schon in Kapuzinerskutte zu ihm geschlichen und die Person mit ihm wechseln wollen; Roller schlug's hartnäckig ab; jetzt hat er einen Eid geschworen, daß es uns eiskalt über die Leber lief, er wolle ihm eine Todesfackel anzünden, wie sie noch keinem König geleuchtet hat, die ihnen den Buckel braun und blau brennen soll. Mir ist bang für die Stadt. Er hat schon lang eine Pique auf sie, weil sie so schändlich bigott ist, und du weißt, wenn er sagt: ich will's thun! so ist's so viel, als wenn's unser einer gethan hat.

Razmann. Das ist wahr! ich kenne den Hauptmann. Wenn er dem Teufel sein Wort drauf gegeben hätte, in die Hölle zu fahren, er würde nie beten, wenn er mit einem halben Vater Unser selig werden könnte! – Aber ach, der arme Roller! der arme Roller! –

Spiegelberg. Memento mori! Aber das regt mich nicht an. *(Trillert ein Liedchen.)*

Geh' ich vorbei am Rabensteine,
So blinz' ich nur das rechte Auge zu
Und denk', du hängst mir wohl alleine
Wer ist ein Narr, ich oder du?

Razmann *(aufspringend)*. Horch! ein Schuß *(Schießen und Lärmen.)*

Spiegelberg. Noch einer!

Razmann. Wieder einer! der Hauptmann!

(Hinter der Scene gesungen.)

Die Nürnberger henken Keinen,
Sie hätten ihn denn vor.
Da capo

Schweizer. Roller *(hinter der Scene)*. Holla ho! Holla ho!

Razmann. Roller! Roller! Holen mich zehn Teufel!

Schweizer. Roller *(hinter der Scene)*. Razmann! Schwarz! Spiegelberg! Razmann!

Razmann. Roller! Schweizer! Blitz, Donner, Hagel und Wetter! *(Fliegen ihm entgegen.)*

***Räuber Moor** zu Pferd. **Schweizer. Roller. Grimm. Schufterle. Räubertrupp** mit Koth und Staub bedeckt treten auf.*

Räuber Moor *(vom Pferd springend)*. Freiheit! Freiheit! – – Du bist im Trocknen, Roller! – Führ' meinen Rappen ab, Schweizer, und wasch' ihn mit Wein. *(Wirft sich auf die Erde.)* Das hat gegolten!

Razmann *(zu Roller)*. Nun, bei der Feueresse des Pluto! bist du vom Rad auferstanden?

Schwarz. Bist du sein Geist? oder bin ich ein Narr? oder bist du's wirklich?

Roller *(in Athem)*. Ich bin's. Leibhaftig. Ganz. Wo glaubst du, daß ich herkomme?

Schwarz. Da frag die Hexe! Der Stab war schon über dich gebrochen.

Roller. Das war er freilich, und noch mehr. Ich komme recta vom Galgen her. Laß mich nur erst zu Athem kommen. Der Schweizer wird dir erzählen. Gebt mir ein Glas Branntenwein! – Du auch wieder da, Moritz? Ich dachte, dich wo anders wieder zu sehen – Gebt mir doch ein Glas Branntenwein! meine Knochen fallen auseinander – o mein Hauptmann! wo ist mein Hauptmann?

Schwarz. Gleich, gleich! – so sag doch, so schwätz doch! wie bist du davon gekommen? wie haben wir dich wieder? Der Kopf geht mir um. Vom Galgen her, sagst du?

Roller *(stürzt eine Flasche Branntenwein hinunter)*. Ah! das schmeckt, das brennt ein! – Grades Wegs vom Galgen her, sag' ich. Ihr steht da und gafft und könnt's nicht träumen – ich war auch nur drei Schritte von der

Sakermentsleiter, auf der ich in den Schooß Abrahams steigen sollte – so nah, so nah – war dir schon mit Haut und Haar auf die Anatomie verhandelt! hättest mein Leben um'n Prise Schnupftabak haben können. Dem Hauptmann dank' ich Luft, Freiheit und Leben.

Schweizer. Es war ein Spaß, der sich hören läßt. Wir hatten den Tag vorher durch unsre Spionen Wind gekriegt, der Roller liege tüchtig im Salz, und wenn der Himmel nicht bei Zeit noch einfallen wollte, so werde er morgen am Tag – das war heut – den Weg alles Fleisches gehen müssen – Auf! sagt der Hauptmann, was wiegt ein Freund nicht? – Wir retten ihn, oder retten ihn nicht, so wollen wir ihm wenigstens doch eine Todesfackel anzünden, wie sie noch keinem König geleuchtet hat, die ihnen den Buckel braun und blau brennen soll. Die ganze Bande wird aufgeboten. Wir schicken einen Expressen an ihn, der's ihm in einem Zettelchen beibrachte, das er ihm in die Suppe warf.

Roller. Ich verzweifelte an dem Erfolg.

Schweizer. Wir paßten die Zeit ab, bis die Passagen leer waren. Die ganze Stadt zog dem Spektakel nach, Reiter und Fußgänger durcheinander und Wagen, der Lärm und der Galgenpsalm jolten weit. Jetzt, sagt der Hauptmann, brennt an, brennt an! Die Kerl flogen wie Pfeile, steckten die Stadt an dreiunddreißig Ecken zumal in Brand, werfen feurige Lunten in die Nähe des Pulverthurms, in Kirchen und Scheunen – Morbleu! es war keine Viertelstunde vergangen, der Nordostwind, der auch seinen Zahn auf die Stadt haben muß, kam uns trefflich zu statten und half die Flamme bis hinauf in die obersten Giebel jagen. Wir indeß Gasse auf Gasse nieder, wie Furien – Feuerjo! Feuerjo! durch die ganze Stadt – Geheul – Geschrei – Gepolter – fangen an die Brandglocken zu brummen, knallt der Pulverthurm in die Luft, als wär' die Erde mitten entzwei geborsten, und der Himmel zerplatzt, und die Hölle zehntausend Klafter tief versunken.

Roller. Und jetzt sah mein Gefolge zurück – da lag die Stadt wie Gomorrha und Sodom, der ganze Horizont war Feuer, Schwefel und Rauch, vierzig Gebirge brüllten den infernalischen Schwank in die Rund herum nach, ein panischer Schreck schmeißt Alle zu Boden – jetzt nutz' ich den Zeitpunkt, und risch, wie der Wind! – ich war losgebunden, so nah war's dabei – da meine Begleiter versteinert wie Loths Weib zurückschau'n. Reißaus! zerrissen die Haufen! davon! Sechzig Schritte weg werf' ich die Kleider ab, stürze mich in den Fluß, schwimm' unterm Wasser fort, bis ich glaubte, ihnen aus dem Gesichte zu sein. Mein Hauptmann schon parat mit Pferden und Kleidern – so bin ich entkommen. Moor! Moor! möchtest du bald auch in den Pfeffer gerathen, daß ich dir Gleiches mit Gleichem vergelten kann!

Razmann. Ein bestialischer Wunsch, für den man dich hängen sollte – aber es war ein Streich zum Zerplatzen.

Roller. Es war Hilfe in der Noth; ihr könnt's nicht schätzen. Ihr hättet sollen – den Strick um den Hals – mit lebendigem Leibe zu Grabe marschieren, wie ich, und die sakermentalischen Anstalten und Schinderceremonien, und mit jedem Schritt, den der scheue Fuß vorwärts wankte, näher und fürchterlich näher die verfluchte Maschine, wo ich einlogiert werden sollte, im Glanz der schrecklichen Morgensonne steigend, und die lauernden Schindersknechte und die gräßliche Musik – noch raunt sie in meinen Ohren – und das Gekrächze hungriger Raben, die an meinem halbfaulen Antecessor zu Dreißigen hingen, und Das alles, alles – und obendrein noch der Vorschmack der Seligkeit, die mir blühete! – Bruder, Bruder! und auf einmal die Losung zur Freiheit – Es war ein Knall, als ob dem Himmelsfaß ein Reif gesprungen wäre – Hört, Canaillen! ich sag' euch, wenn man aus dem glühenden Ofen ins Eiswasser springt, kann man den Abfall nicht so stark fühlen, als ich, da ich am andern Ufer war.

Spiegelberg *(lacht)*. Armer Schlucker! Nun ist's ja verschwitzt. *(Trinkt ihm zu.)* Zur glücklichen Wiedergeburt!

Roller *(wirft sein Glas weg)*. Nein, bei allen Schätzen des Mammons! ich möchte das nicht zum zweitenmal erleben. Sterben ist etwas mehr als Harlekinssprung, und Todesangst ist ärger als Sterben.

Spiegelberg. Und der hüpfende Pulverthurm – merkst du's jetzt, Razmann? – drum stank auch die Luft so nach Schwefel stundenweit, als würde die ganze Garderobe des Molochs unter dem Firmament ausgelüftet – Es war ein Meisterstreich, Hauptmann! ich beneide dich drum.

Schweizer. Macht sich die Stadt eine Freude daraus, meinen Kameraden wie ein verhetztes Schwein abthun zu sehen, was, zum Henker! sollten wir uns ein Gewissen daraus machen, unserem Kameraden zu lieb die Stadt drauf gehen zu lassen? Und nebenher hatten unsere Kerls noch das gefundene Fressen, über den alten Kaiser zu plündern. – Sagt einmal, was habt ihr weggekapert?

Einer von der Bande. Ich hab' mich während des Durcheinanders in die Stephanskirche geschlichen und die Borten vom Altartuch abgetrennt; der liebe Gott da, sagt' ich, ist ein reicher Mann und kann ja Goldfäden aus einem Batzenstrick machen.

Schweizer. Du hast wohl gethan – was soll auch der Plunder in einer Kirche? Sie tragen's dem Schöpfer zu, der über den Trödelkram lachet, und seine Geschöpfe dürfen verhungern. – Und du, Spangeler – wo hast du dein Netz ausgeworfen?

Ein Zweiter. Ich und Bügel haben einen Kaufladen geplündert und bringen Zeug für unser funfzig mit.

Ein Dritter. Zwei goldene Sackuhren habe ich weggebixt, und ein Dutzend silberne Löffel dazu.

Schweizer. Gut, gut. Und wir haben ihnen eins angerichtet, dran sie vierzehn Tage werden zu löschen haben. Wenn sie dem Feuer wehren wollen, so müssen sie die Stadt durch Wasser ruinieren – Weißt du nicht, Schufterle, wie viel es Todte gesetzt hat?

Schufterle. Drei und achtzig, sagt man. Der Thurm allein hat ihrer sechzig zu Staub zerschmettert.

Räuber Moor *(sehr ernst)*. Roller, du bist theuer bezahlt.

Schufterle. Pah! pah! was heißt aber das? – ja, wenn's Männer gewesen wären – aber da waren's Wickelkinder, die ihre Laken vergolden, eingeschnurrte Mütterchen, die ihnen die Mücken wehrten, ausgedörrte Ofenhocker, die keine Thüre mehr finden konnten – Patienten, die nach dem Doctor winselten, der in seinem gravitätischen Trab der Hatz nachgezogen war – Was leichte Beine hatte, war ausgeflogen, der Komödie nach, und nur der Bodensatz der Stadt blieb zurück, die Häuser zu hüten.

Moor. Oh der armen Gewürme! Kranke, sagst du, Greise und Kinder? –

Schufterle. Ja zum Teufel! und Kindbetterinnen dazu, und hochschwangere Weiber, die befürchteten, unterm lichten Galgen zu abortieren; junge Frauen, die besorgten, sich an den Schindersstückchen zu versehen und ihrem Kind im Mutterleib den Galgen auf den Buckel zu brennen – Arme Poeten, die keinen Schuh anzuziehen hatten, weil sie ihr einziges Paar in die Mache gegeben, und was das Hundsgesindel mehr ist; es lohnt sich der Mühe nicht, daß man davon redt. Wie ich von ungefähr so an einer Baracke vorbei gehe! hör' ich drinnen ein Gezeter, ich guck' hinein, und wie ich's beim Lichte besehe, was war's? Ein Kind war's, noch frisch und gesund, das lag auf dem Boden unterm Tisch, und der Tisch wollte eben angehen – Armes Thierchen, sagt' ich, du verfrierst ja hier, und warf's in die Flamme –

Moor. Wirklich, Schufterle? – Und diese Flamme brenne in deinem Busen, bis die Ewigkeit grau wird! – Fort. Ungeheuer! Laß dich nimmer unter meiner Bande sehen! – Murrt ihr? Überlegt ihr? – Wer überlegt, wenn ich befehle? – Fort mit ihm, sag' ich – Es sind noch mehr unter euch, die meinem Grimm reif sind. Ich kenne dich, Spiegelberg. Aber ich will nächstens unter euch treten und fürchterlich Musterung halten.

***Moor** allein, heftig auf und ab gehend.*

Höre sie nicht, Rächer im Himmel! – Was kann ich dafür? was kannst du dafür, wenn deine Pestilenz, deine Theurung, deine Wasserfluthen den Gerechten mit dem Bösewicht auffressen? Wer kann der Flamme befehlen, daß sie nicht auch durch die gesegneten Saaten wüthe, wenn sie das Genist der Hornissel zerstören soll? – O pfui über den Kindermord! den Weibermord! den Krankenmord! – Wie beugt mich diese That! Sie hat meine schönsten Werke vergiftet – Da steht der Knabe, schamroth und ausgehöhnt vor dem Auge des Himmels, der sich anmaßte, mit Jupiters Keule zu spielen, und Pygmäen niederwarf, da er Titanen zerschmettern sollte – Geh! geh! du bist der Mann nicht, das Rachschwert der obern Tribunale zu regieren, du erlagst bei dem ersten Griff – Hier entsag' ich dem frechen Plan, gehe, mich in irgend eine Kluft der Erde zu verkriechen, wo der Tag vor meiner Schande zurücktritt. *(Er will fliehen.)*

***Räuber** eilig.*

Sieh dich vor, Hauptmann! Es spukt! Ganze Haufen böhmischer Reiter schwadronieren um Holz herum – der höllische Blaustrumpf muß ihnen verträtscht haben –

***Neue Räuber**.*

Hauptmann, Hauptmann! Sie haben uns die Spur abgelauert – rings ziehen ihre etliche Tausend einen Cordon um den mittlern Wald.

***Neue Räuber**.*

Weh, weh, weh! Wir sind gefangen, gerädert, wir sind geviertheilt! Tausend Husaren, Dragoner und Jäger sprengen um die Anhöhe und halten die Luftlöcher besetzt. *(Moor geht ab.)*

Schweizer. Grimm. Roller. Schwarz. Schufterle. Spiegelberg. Razmann. Räubertrupp.

Schweizer. Haben wir sie aus den Federn geschüttelt? Freu' dich doch, Roller! Das hab' ich mir lange gewünscht, mich mit so Commißbrodrittern herumzuhauen – Wo ist der Hauptmann? Ist die ganze Bande beisammen? Wir haben doch Pulver genug?

Razmann. Pulver die schwere Meng. Aber unser sind achtzig in Allem, und so immer kaum Einer gegen ihrer Zwanzig.

Schweizer. Desto besser! und laß es fünfzig gegen meinen großen Nagel sein – Haben sie so lang gewartet, bis wir ihnen die Streu unterm Arsch angezündet haben – Brüder, Brüder! so hat's keine Noth. Sie setzen ihr Leben an zehen Kreuzer, fechten wir nicht für Hals und Freiheit? – Wir wollen über sie her wie die Sündfluth und auf ihre Köpfe herabfeuern wie Wetterleuchten – Wo, zum Teufel! ist denn der Hauptmann?

Spiegelberg. Er verläßt uns in dieser Noth. Können wir denn nicht mehr entwischen?

Schweizer. Entwischen?

Spiegelberg. Oh! warum bin ich nicht geblieben in Jerusalem!

Schweizer. So wollt' ich doch, daß du im Kloak ersticktest, Dreckseele du! Bei nackten Nonnen hast du ein großes Maul, aber wenn du zwei Fäuste siehst, – Memme, zeige dich jetzt, oder man soll dich in eine Sauhaut nähen und durch Hunde verhetzen lassen.

Razmann. Der Hauptmann, der Hauptmann!

Moor langsam vor sich.

Moor. Ich habe sie vollends ganz einschließen lassen, jetzt müssen sie fechten wie Verzweifelte. *(Laut.)* Kinder! Nun gilt's! Wir sind verloren, oder wir müssen fechten wie angeschossene Eber.

Schweizer. Ha! ich will ihnen mit meinen Fangern den Bauch schlitzen, daß ihnen die Kutteln schuhlang herausplatzen! – Führ' uns an, Hauptmann! Wir folgen dir in den Rachen des Todes.

Moor. Ladet alle Gewehre! Es fehlt doch an Pulver nicht?

Schweizer *(springt auf)*. Pulver genug, die Erde gegen den Mond zu sprengen!

Razmann. Jeder hat fünf Paar Pistolen geladen, Jeder noch drei Kugelbüchsen dazu.

Moor. Gut, gut! Und nun muß ein Theil auf die Bäume klettern, oder sich ins Dickicht verstecken und Feuer auf sie geben im Hinterhalt –

Schweizer. Da gehörst du hin, Spiegelberg!

Moor. Wir andern, wie Furien, fallen ihnen in die Flanken.

Schweizer. Darunter bin ich, ich!

Moor. Zugleich muß Jeder sein Pfeifchen hören lassen, im Wald herumjagen, daß unsere Anzahl schrecklicher werde; auch müssen alle Hunde los und in ihre Glieder gehetzt werden, daß sie sich trennen, zerstreuen und euch in den Schuß rennen. Wir drei, Roller, Schweizer und ich, fechten im Gedränge.

Schweizer. Meisterlich, vortrefflich! – Wir wollen sie zusammenwettern, daß sie nicht wissen, wo sie die Ohrfeigen herkriegen. Ich habe wohl ehe eine Kirsche vom Maul weggeschossen. Laß sie nur anlaufen. *(Schufterle zupft Schweizern, dieser nimmt den Hauptmann beiseite und spricht leise mit ihm.)*

Moor. Schweig!

Schweizer. Ich bitte dich –

Moor. Weg! Er dank' es seiner Schande, sie hat ihn gerettet. Er soll nicht sterben, wenn ich und mein Schweizer sterben und mein Roller. Laß ihn die Kleider ausziehen, so will ich sagen, er sei ein Reisender, und ich habe ihn bestohlen – Sei ruhig, Schweizer! Ich schwöre darauf, er wird doch noch gehangen werden.

***Pater** tritt auf.*

Pater *(vor sich, stutzt)*. Ist Das das Drachennest? – Mit eurer Erlaubniß, meine Herren! Ich bin ein Diener der Kirche, und draußen stehen Siebenzehnhundert, die jedes Haar auf meinen Schläfen bewachen.

Schweizer. Bravo! bravo! Das war wohlgesprochen, sich den Magen warm zu halten.

Moor. Schweig, Kamerad! – Sagen Sie kurz, Herr Pater! was haben Sie hier zu thun?

Pater. Mich sendet die hohe Obrigkeit, die über Leben und Tod spricht – Ihr Diebe – ihr Mordbrenner, – ihr Schelmen – giftige Otterbrut, die im Finstern schleicht und im Verborgenen sticht – Aussatz der Menschheit –

Höllenbrut, – köstliches Mahl für Raben und Ungeziefer – Colonie für Galgen und Rad –

Schweizer. Hund! hör' auf zu schimpfen, oder – *(Er drückt ihm den Kolben vors Gesicht.)*

Moor. Pfui doch, Schweizer! du verdirbst ihm ja das Concept – er hat seine Predigt so brav auswendig gelernt – Nur weiter, mein Herr! – „für Galgen und Rad?"

Pater. Und doch, feiner Hauptmann! Herzog der Beutelschneider! Gaunerkönig! Großmogol aller Schelmen unter der Sonne! – Ganz ähnlich jenem ersten abscheulichen Rädelsführer, der tausend Legionen schuldloser Engel in rebellisches Feuer fachte und mit sich hinab in den tiefen Pfuhl der Verdammung zog – das Zettergeschrei verlassener Mütter heult deinen Fersen nach, Blut saufst du wie Wasser, Menschen wägen auf deinem mörderischen Dolch keine Luftblase auf. –

Moor. Sehr wahr, sehr wahr! Nur weiter!

Pater. Was? sehr wahr, sehr wahr? Ist das auch eine Antwort?

Moor. Wie, mein Herr? drauf haben Sie sich wohl nicht gefaßt gemacht? Weiter, nur weiter! Was wollten Sie weiter sagen?

Pater *(im Eifer).* Entsetzlicher Mensch! hebe dich weg von mir! Picht nicht das Blut des ermordeten Reichsgrafen an deinen verfluchten Fingern? Hast du nicht das Heiligthum des Herrn mit diebischen Händen durchbrochen und mit einem Schelmengriff die geweihten Gefäße des Nachtmahls entwandt? Wie? hast du nicht Feuerbrände in unsere gottesfürchtige Stadt geworfen? und den Pulverthurm über die Häupter guter Christen herabgestürzt? *(mit zusammengeschlagenen Händen.)* Gräuliche, gräuliche Frevel, die bis zum Himmel hinaufstinken, das jüngste Gericht waffnen, daß es reißend daherbricht! reif zur Vergeltung, zeitig zur letzten Posaune!

Moor. Meisterlich gerathen bis hieher! aber zur Sache! Was läßt mir der hochlöbliche Magistrat durch Sie kund machen?

Pater. Was du nie werth bist, zu empfangen – Schau' um dich, Mordbrenner! was nur dein Auge absehen kann, bist du eingeschlossen von unsern Reitern – hier ist kein Raum zum Entrinnen mehr – so gewiß Kirschen auf diesen Eichen wachsen, und diese Tannen Pfirsische tragen, so gewiß werdet ihr unversehrt diesen Eichen und diesen Tannen den Rücken kehren.

Moor. Hörst du's wohl, Schweizer? – Aber nur weiter!

Pater. Höre denn, wie gütig, wie langmüthig das Gericht mit dir Böswicht verfährt: wirst du jetzt gleich zum Kreuz kriechen und um Gnade und Schonung flehen, siehe, so wird dir die Strenge selbst Erbarmen, die Gerechtigkeit eine liebende Mutter sein – sie drückt das Auge bei der Hälfte deiner Verbrechen zu und läßt es – denk' doch! – und läßt es bei *dem Rade bewenden*.

Schweizer. Hast du's gehört, Hauptmann? Soll ich hingehn und diesem abgerichteten Schäferhund die Gurgel zusammenschnüren, daß ihm der rote Saft aus allen Schweißlöchern sprudelt? –

Roller. Hauptmann! – Sturm, Wetter und Hölle! – Hauptmann! – wie er die Unterlippe zwischen die Zähne klemmt! Soll ich diesen Kerl das oberst zu unterst unters Firmament wie einen Kegel aufsetzen?

Schweizer. Mir! mir! Laß mich knieen, vor dir niederfallen! Mir laß die Wollust, ihn zu Brei zusammenzureiben! *(Pater schreit.)*

Moor. Weg von ihm! Wag' es Keiner, ihn anzurühren! – *(Zum Pater, indem er seinen Degen zieht.)* Sehen Sie, Herr Pater! hier stehn Neunundsiebenzig, deren Hauptmann ich bin, und weiß Keiner auf Wink und Commando zu fliegen oder nach Kanonenmusik zu tanzen, und draußen stehen Siebenzehnhundert, unter Musketen ergraut – aber hören Sie nun! so redet Moor, der Mordbrenner Hauptmann: Wahr ist's, ich habe den Reichsgrafen erschlagen, die Dominicuskirche angezündet und geplündert, hab' Feuerbrände in eure bigotte Stadt geworfen und den Pulverthurm über die Häupter guter Christen herabgestürzt – aber Das ist noch nicht alles. Ich habe noch mehr gethan. *(Er streckt seine rechte Hand* *aus.)* Bemerken Sie die vier kostbaren Ringe, die ich an jedem Finger trage? – Gehen Sie hin und richten Sie Punkt für Punkt den Herren des Gerichts über Leben und Tod aus, was Sie sehen und hören werden – diesen Rubin zog ich einem Minister vom Finger, den ich auf der Jagd zu den Füßen seines Fürsten niederwarf. Er hatte sich aus dem Pöbelstaub zu seinem ersten Günstling emporgeschmeichelt, der Fall seines Nachbars war seiner Hoheit Schemel – Thränen der Waisen huben ihn auf. Diesen Demant zog ich einem Finanzrath ab, der Ehrenstellen und Ämter an die Meistbietenden verkaufte und nicht trauernden Patrioten von seiner Thüre stieß. – Diesen Achat trag' ich einem Pfaffen Ihres Gelichters zur Ehre, den ich mit eigener Hand erwürgte, als er auf offener Kanzel geweint hatte, daß die Inquisition so in Zerfall käme – ich könnte Ihnen noch mehr Geschichten von meinen Ringen erzählen, wenn mich nicht schon die paar Worte gereuten, die ich mit Ihnen verschwendet habe –

Pater. O Pharao! Pharao!

Moor. Hört ihr's wohl? Habt ihr den Seufzer bemerkt? Steht er nicht da, als wollte er Feuer vom Himmel auf die Rotte Korah herunter beten, richtet mit einem Achselzucken, verdammt mit einem christlichen *Ach!* – Kann der Mensch denn so blind sein? Er, der die hundert Augen des Argus hat, Flecken an seinem Bruder zu spähen, kann er so gar blind gegen sich selbst sein? – Da donnern sie Sanftmuth und Duldung aus ihren Wolken, und bringen dem Gott der Liebe Menschenopfer, wie einem feuerarmigen Moloch – predigen Liebe des Nächsten, und fluchen den achtzigjährigen Blinden von ihren Thüren hinweg – stürmen wider den Geiz, und haben Peru um goldner Spangen willen entvölkert und die Heiden wie Zugvieh vor ihre Wagen gespannt. – Sie zerbrechen sich die Köpfe, wie es doch möglich gewesen wäre, daß die Natur hätte können einen Ischariot schaffen, und nicht der Schlimmste unter ihnen würden den dreieinigen Gott um zehen Silberlinge verrathen. – O über euch Pharisäer, euch Falschmünzer der Wahrheit, euch Affen der Gottheit! Ihr scheut euch nicht, vor Kreuz und Altären zu knieen, zerfleischt eure Rücken mit Riemen und foltert euer Fleisch mit Fasten; ihr wähnt mit diesen erbärmlichen Gaukeleien Demjenigen einen blauen Dunst vorzumachen, den ihr Thoren doch den Allwissenden nennt, nicht anders, als wie man der Großen am bittersten spottet, wenn man ihnen schmeichelt, daß sie die Schmeichler hassen; ihr pocht auf Ehrlichkeit und exemplarischen Wandel, und der Gott, der euer Herz durchschaut, würde wider den Schöpfer ergrimmen, wenn er nicht eben Der wäre, der das Ungeheuer am Nilus erschaffen hat. – Schafft ihn aus meinen Augen!

Pater. Daß ein Bösewicht noch so stolz sein kann!

Moor. Nicht genug – Jetzt will er stolz reden. Geh hin und sage dem hochlöblichen Gericht, das über Leben und Tod würfelt – Ich bin kein Dieb, der sich mit Schlaf und Mitternacht verschwört und auf der Leiter groß und herrisch thut – Was ich gethan habe, werd' ich ohne Zweifel einmal im Schuldbuch des Himmels lesen; aber mit seinen erbärmlichen Verwesern will ich kein Wort mehr verlieren. Sag' ihnen, mein Handwerk ist Wiedervergeltung – Rache ist mein Gewerbe. *(Er kehrt ihm den Rücken zu.)*

Pater. Du willst also nicht Schonung und Gnade? – Gut, mit dir bin ich fertig. *(Wendet sich zu der Bande.)* So höret denn ihr, was die Gerechtigkeit euch durch mich zu wissen thut! – Werdet ihr jetzt gleich diesen verurtheilten Missethäter gebunden überliefern, seht, so soll euch die Strafe eurer Gräuel bis auf das letzte Andenken erlassen sein – die heilige Kirche wird euch verlorne Schafe mit erneuerter Liebe in ihren Mutterschooß aufnehmen, und Jedem unter euch soll der Weg zu einem Ehrenamt offen stehn. *(Mit triumphierendem Lächeln.)* Nun, nun? Wie schmeckt das, Majestät? – Frisch also! Bindet ihn, und seid frei!

Moor. Hört ihr's auch? Hört ihr? Was stutzt ihr? Was steht ihr verlegen da? Sie bietet euch Freiheit, und ihr seid wirklich schon ihre Gefangenen. – Sie schenkt euch das Leben, und das ist keine Prahlerei, denn ihr seid wahrhaftig gerichtet – Sie verheißt euch Ehren und Ämter, und was kann euer Loos anders sein, wenn ihr auch obsiegt, als Schmach und Fluch und Verfolgung. – Sie kündigt euch Versöhnung vom Himmel an, und ihr seid wirklich verdammt. Es ist kein Haar an Keinem unter euch, das nicht in die Hölle fährt. Überlegt ihr noch? Wankt ihr noch? Ist es so schwer, zwischen Himmel und Hölle zu wählen? Helfen Sie doch, Herr Pater!

Pater *(vor sich)*. Ist der Kerl unsinnig? – *(Laut.)* Sorgt ihr etwa, daß dies eine Falle sei, euch lebendig zu fangen? – Lest selbst, hier ist der Generalpardon unterschrieben. *(Er gibt Schweizern ein Papier.)* Könnt ihr noch zweifeln?

Moor. Seht doch, seht doch! Was könnt ihr mehr verlangen? – Unterschrieben mit eigener Hand – es ist Gnade über alle Grenzen – oder fürchtet ihr wohl, sie werden ihr Wort brechen, weil ihr einmal gehört habt, daß man Verräthern nicht Wort hält? – O seid außer Furcht! Schon die Politik könnte sie zwingen, Wort zu halten, wenn sie es auch dem Satan gegeben hätten. Wer würde ihnen in Zukunft noch Glauben beimessen? Wie würden sie je einen zweiten Gebrauch davon machen können? – Ich wollte drauf schwören, sie meinen's aufrichtig. Sie wissen, daß ich es bin, der euch empört und erbittert hat; euch halten sie für unschuldig. Eure Verbrechen legen sie für Jugendfehler, für Übereilungen aus. Mich allein wollen sie haben, ich allein verdiene zu büßen. Ist es nicht so, Herr Pater?

Pater. Wie heißt der Teufel, der aus ihm spricht? – Ja freilich, freilich ist es so – der Kerl macht mich wirbeln.

Moor. Wie, noch keine Antwort? denkt ihr wohl gar mit den Waffen noch durchzureißen? Schaut doch um euch, schaut doch um euch! das werdet ihr doch nicht denken, das wäre jetzt kindische Zuversicht. – Oder schmeichelt ihr euch wohl gar, als Helden zu fallen, weil ihr saht, daß ich mich aufs Getümmel freute? – Oh glaubt das nicht! Ihr seid nicht *Moor*. – Ihr seid heillose Diebe! elende Werkzeuge meiner größeren Plane, wie der Strick verächtlich in der Hand des Henkers! – Diebe können nicht fallen, wie Helden fallen. Das Leben ist den Dieben Gewinn, dann kommt was Schreckliches nach – Dieben haben das Recht, vor dem Tode zu zittern. – Höret, wie ihre Hörner tönen! Sehet, wie drohend ihre Säbel daher blinken! Wie? noch unschlüssig? seid ihr toll? seid ihr wahnwitzig? – Es ist unverzeihlich! Ich dank' euch mein Leben nicht, ich schäme mich eures Opfers!

Pater *(äußerst erstaunt)*. Ich werde unsinnig, ich laufe davon! Hat man je von so was gehört?

Moor. Oder fürchtet ihr wohl, ich werde mich selbst erstechen und durch einen Selbstmord den Vertrag zernichten, der nur an dem Lebendigen haftet? Nein, Kinder, das ist eine unnütze Furcht. Hier werf' ich meinen Dolch weg, und meine Pistolen, und dies Fläschchen mit Gift, das mir noch wohlkommen sollte – ich bin so elend, daß ich auch die Herrschaft über mein Leben verloren habe – Was, noch unschlüssig? Oder glaubt ihr vielleicht, ich werde mich zur Wehr setzen, wenn ihr mich binden wollt? Seht! hier bind' ich meine rechte Hand an diesen Eichenast, ich bin ganz wehrlos, ein Kind kann mich umwerfen – Wer ist der Erste, der seinen Hauptmann in der Noth verläßt?

Roller *(in wilder Bewegung)*. Und wenn die Hölle uns neunfach umzingelte! *(Schwenkt seinen Degen.)* Wer kein Hund ist, rette den Hauptmann!

Schweizer *(zerreißt den Pardon und wirft die Stücke dem Pater ins Gesicht)*. In unsern Kugeln Pardon! Fort, Canaille, sag' dem Senat, der dich gesandt hat, du träfst unter Moors Bande keinen einzigen Verräther an. – Rettet, rettet den Hauptmann!

Alle *(lärmen)*. Rettet, rettet, rettet den Hauptmann!

Moor *(sich losreißend, freudig)*. Jetzt sind wir frei – Kameraden! Ich fühle eine Armee in meiner Faust – Tod oder Freiheit! Wenigstens sollen sie Keinen lebendig haben!

(Man bläst zum Angriff. Lärm und Getümmel. Sie gehen ab mit gezogenem Degen.)

Dritter Akt

Erste Scene

Amalia ***im Garten, spielt auf der Laute***

Schön wie Engel, voll Walhallas Wonne,
Schön vor allen Jünglingen war er,
Himmlisch mild sein Blick, wie Maiensonne,
Rückgestrahlt vom blauen Spiegelmeer.

Sein Umarmen – wüthendes Entzücken! –
Mächtig, feurig klopfte Herz an Herz,
Mund und Ohr gefesselt – Nacht vor unsern Blicken –
Und der Geist gewirbelt himmelwärts.

Seine Küsse – paradiesisch Fühlen! –
Wie zwo Flammen sich ergreifen, wie
Harfentöne in einander spielen
Zu der himmelvollen Harmonie,

Stürzten, flogen, rasten Geist und Geist zusammen,
Lippen, Wangen brannten, zitterten, –
Seele rann in Seele – Erd und Himmel schwammen
Wie zerronnen um die Liebenden.

Er ist hin – Vergebens, ach! vergebens
Stöhnet ihm der bange Seufzer nach.
Er ist hin – und alle Lust des Lebens
Wimmert hin in ein verlornes Ach!

***Franz** tritt auf.*

Franz. Schon wieder hier, eigensinnige Schwärmerin? Du hast dich vom frohen Mahle hinweggestohlen und den Gästen die Freude verdorben.

Amalia. Schade für diese unschuldigen Freuden! das Todtenlied muß noch in deinen Ohren murmeln, das deinem Vater zu Grabe hallte –

Franz. Willst du denn ewig klagen? Laß die Todten schlafen und mache die Lebendigen glücklich! Ich komme –

Amalia. Und wann gehst du wieder?

Franz. O weh! Kein so finsteres stolzes Gesicht! du betrübst mich, Amalia. Ich komme, dir zu sagen –

Amalia. Ich muß wohl hören, Franz von Moor ist ja gnädiger Herr worden.

Franz. Ja recht, das war's, worüber ich dich vernehmen wollte – Maximilian ist schlafen gegangen in der Väter Gruft. Ich bin Herr. Aber ich möchte es vollends ganz sein, Amalia. – Du weißt, was du unserm Hause warst, du wardst gehalten wie Moors Tochter, selbst den Tod überlebte seine Liebe zu dir, das wirst du wohl niemals vergessen?

Amalia. Niemals, niemals. Wer das auch so leichtsinnig beim frohen Mahle hinwegzechen könnte!

Franz. Die Liebe meines Vaters mußt du in seinen Söhnen belohnen, und Karl ist todt – Staunst du? schwindelt dir? Ja wahrhaftig, der Gedanke ist auch so schmeichelnd erhaben, daß er selbst den Stolz eines Weibes betäubt. Franz tritt die Hoffnungen der edelsten Fräuleins mit Füßen, Franz kommt und bietet einer armen, ohne ihn hilflosen Waise sein Herz, seine Hand und mit ihr all sein Gold an und all seine Schlösser und Wälder. Franz, der Beneidete, der Gefürchtete, erklärt sich freiwillig für Amalias Sklaven –

Amalia. Warum spaltet der Blitz die ruchlose Zunge nicht, die das Frevelwort ausspricht! Du hast meinen Geliebten ermordet, und Amalia soll dich Gemahl nennen! Du –

Franz. Nicht so ungestüm, allergnädigste Prinzessin! – Freilich krümmt Franz sich nicht wie ein girrender Seladon vor dir – freilich hat er nicht gelernt, gleich dem schmachtenden Schäfer Arkadiens, dem Echo der Grotten und Felsen seine Liebesklagen entgegen zu jammern – Franz spricht, und wenn man nicht antwortet, so wird er – *befehlen*.

Amalia. Wurm du, befehlen? mir befehlen? – und wenn man den Befehl mit Hohnlachen zurückschickt?

Franz. Das wirst du nicht. Noch weiß ich Mittel, die den Stolz eines einbildischen Starrkopfs so hübsch niederbeugen können – Klöster und Mauern!

Amalia. Bravo! herrlich! und ich Kloster und Mauern mit deinem Basiliskenanblick auf ewig verschont, und Muße genug, an Karln zu denken, zu hangen. Willkommen in deinem Kloster! Auf, auf mit deinen Mauern!

Franz. Haha! ist es Das? – Gib Acht! Jetzt hast du mich die Kunst gelehrt, wie ich dich quälen soll – Diese ewige Grille von Karl soll dir mein Anblick gleich einer feuerhaarigen Furie aus dem Kopfe geißeln; das Schreckbild *Franz* soll hinter dem Bild deines Lieblings im Hinterhalt lauern, gleich dem verzauberten Hund, der auf unterirdischen Goldkästen liegt – an den Haaren will ich dich in die Kapelle schleifen, den Degen in der Hand dir den ehlichen Schwur aus der Seele pressen, dein jungfräuliches Bette im Sturm ersteigen und deine stolze Scham mit noch größerem Stolze besiegen.

Amalia *(gibt ihm eine Maulschelle)*. Nimm erst das zur Aussteuer hin.

Franz *(aufgebracht)*. Ha! wie das zehnfach und wieder zehnfach geahndet werden soll! – nicht meine Gemahlin – die Ehre sollst du nicht haben – meine Maitresse sollst du werden, daß die ehrlichen Bauernweiber mit Fingern auf dich deuten, wenn du es wagst und über die Gasse gehst. Knirsche nur mit den Zähnen – speie Feuer und Mord aus den Augen – mich ergötzt der Grimm eines Weibes, macht dich nur schöner, begehrenswerther. Komm – dieses Sträuben wird meinen Triumph zieren und mir die Wollust in erzwungnen Umarmungen würzen – Komm mit in meine Kammer – ich glühe vor Sehnsucht – jetzt gleich sollst du mit mir gehn. *(Will sie fortreißen.)*

Amalia *(fällt ihm um den Hals)*. Verzeih mir, Franz! *(Wie er sie umarmen will, reißt sie ihm den Degen von der Seite und tritt hastig zurück.)* Siehst du, Bösewicht, was ich jetzt aus dir machen kann? – Ich bin ein Weib, aber ein rasendes Weib – Wag' es einmal mit unzüchtigem Griff meinen Leib zu betasten – dieser Stahl soll deine geile Brust mitten durchrennen, und der *Geist* meines Oheims wird mir die Hand dazu führen. Fleuch auf der Stelle! *(Sie jagt ihn davon.)*

Ah! wie mir wohl ist! – Jetzt kann ich frei athmen – ich fühlte mich stark wie das funkensprühende Roß, grimmig wie die Tigerin dem siegbrüllenden Räuber ihrer Jungen nach – In ein Kloster, sagt er – Dank dir für diese glückliche Entdeckung! – Jetzt hat die betrogene Liebe ihre Freiheit gefunden – das Kloster – das Kreuz des Erlösers ist die Freistatt der betrognen Liebe. *(Sie will gehen.)*

***Hermann** tritt schüchtern herein.*

Hermann. Fräulein Amalia! Fräulein Amalia!

Amalia. Unglücklicher! Was störest du mich?

Hermann. Dieser Centner muß von meiner Seele, eh er sie zur Hölle drückt. *(Wirft sich vor ihr nieder.)* Vergebung! Vergebung! Ich hab' Euch sehr beleidigt, Fräulein Amalia.

Amalia. Steh auf! Geh! ich will nichts wissen. *(Will fort.)*

Hermann *(der sie zurückhält)*. Nein! Bleibt! Bei Gott! Bei dem ewigen Gott! Ihr soll Alles wissen!

Amalia. Keinen Laut weiter – Ich vergebe dir – Ziehe heim in Frieden. *(Will hinweg eilen.)*

Hermann. So höret nur ein einziges Wort – es wird Euch all' Eure Ruhe wiedergeben.

Amalia *(kommt zurück und blickt ihn verwundernd an)*. Wie, Freund? – Wer im Himmel und auf Erden kann mir meine Ruhe wiedergeben? –

Hermann. Das kann von meinen Lippen ein einziges Wort – Höret mich an!

Amalia *(mit Mitleiden seine Hand ergreifend).* Guter Mensch – Kann ein Wort von deinen Lippen die Riegel der Ewigkeit aufreißen?

Hermann *(steht auf).* Karl lebt noch!

Amalia *(schreiend).* Unglücklicher!

Hermann. Nicht anders – Nun noch ein Wort – Euer Oheim –

Amalia *(gegen ihn herstürzend).* Du lügst –

Hermann. Euer Oheim –

Amalia. Karl lebt noch!

Hermann. Und Euer Oheim –

Amalia. Karl lebt noch?

Hermann. Auch Euer Oheim – Verrathet mich nicht. *(Eilt hinaus.)*

Amalia *(steht lang wie versteinert. Dann fährt sie wild auf, eilt ihm nach).* Karl lebt noch!

Zweite Scene

Gegend an der Donau

Die Räuber gelagert auf einer Anhöhe unter Bäumen, die Pferde weiden den Hügel hinunter.

Moor. Hier muß ich liegen bleiben. *(Wirft sich auf die Erde.)* Meine Glieder wie abgeschlagen. Meine Zunge trocken wie eine Scherbe. *(Schweizer verliert sich unvermerkt.)* Ich wollt' euch bitten, mir eine Handvoll Wassers aus diesem Strome zu holen, aber ihr seid alle matt bis in den Tod.

Schwarz. Auch ist der Wein all in unsern Schläuchen.

Moor. Seht doch, wie schön das Getreide steht! – Die Bäume brechen fast unter ihrem Segen. – Der Weinstock voll Hoffnung.

Grimm. Es gibt ein fruchtbares Jahr.

Moor. Meinst du? – Und so würde doch *ein* Schweiß in der Welt bezahlt. *Einer?* – – Aber es kann ja über Nacht ein Hagel fallen und Alles zu Grund schlagen.

Schwarz. Das ist leicht möglich. Es kann Alles zu Grund gehen, wenig Stunden vorm Schneiden.

Moor. Das sag' ich ja. Es wird Alles zu Grund gehn. Warum soll dem Menschen Das gelingen, was er von der Ameise hat, wenn ihm Das fehlschlägt, was ihn den Göttern gleich macht? – oder ist hier die Mark seiner Bestimmung?

Schwarz. Ich kenne sie nicht.

Moor. Du hast gut gesagt und noch besser gethan, wenn du sie nie zu kennen verlangtest! – Bruder – ich habe die Menschen gesehen, ihre Bienensorgen und ihre Riesenprojecte – ihre Götterplane und ihre Mäusegeschäfte, das wunderseltsame Wettrennen nach Glückseligkeit; – Dieser dem Schwung seines Rosses anvertraut – ein Anderer der Nase seines Esels – ein Dritter seinen eigenen Beinen; dieses bunte Lotto des Lebens, worein so Mancher seine Unschuld und – seinen Himmel setzt, einen Treffer zu haschen, und – Nullen sind der Auszug – am Ende war kein Treffer darin. Es ist ein Schauspiel, Bruder, das Thränen in deine Augen lockt, wenn es dein Zwerchfell zum Gelächter kitzelt.

Schwarz. Wie herrlich die Sonne dort untergeht!

Moor *(in den Anblick versenkt)*. So stirbt ein Held! – Anbetenswürdig!

Grimm. Du scheinst tief gerührt.

Moor. Da ich noch ein Bube war – war's mein Lieblingsgedanke, wie *sie* zu leben, zu sterben wie *sie* – *(mit verbissenem Schmerz.)* Es war ein Bubengedanke!

Grimm. Das will ich hoffen.

Moor *(drückt den Hut übers Gesicht)*. Es war eine Zeit – Laßt mich allein, Kameraden!

Schwarz. Moor! Moor! Was zum Henker? – Wie er seine Farbe verändert!

Grimm. Alle Teufel! was hat er? wird ihm übel?

Moor. Es war eine Zeit, wo ich nicht schlafen konnte, wenn ich mein Nachtgebet vergessen hatte –

Grimm. Bist du wahnsinnig? Willst du dich von deinen Bubenjahren hofmeistern lassen?

Moor *(legt sein Haupt auf Grimms Brust)*. Bruder! Bruder!

Grimm. Wie? sei doch kein Kind – ich bitte dich –

Moor. Wär ich's – wär ich's wieder!

Grimm. Pfui! pfui!

Schwarz. Heitre dich auf. Sieh diese malerische Landschaft – den lieblichen Abend.

Moor. Ja, Freunde! diese Welt ist so schön.

Schwarz. Nun, das war wohl gesprochen.

Moor. Diese Erde so herrlich.

Grimm. Recht – recht – so hör' ich's gerne.

Moor *(zurückgesunken)*. Und ich so häßlich auf dieser schönen Welt – und ich ein Ungeheuer auf dieser herrlichen Erde.

Grimm. O weh, o weh!

Moor. Meine Unschuld! meine Unschuld! – Seht! es ist Alles hinausgegangen, sich im friedlichen Strahl des Frühlings zu sonnen – Warum ich allein die Hölle saugen aus den Freuden des Himmels? – Daß Alles so glücklich ist, durch den Geist des Friedens Alles so verschwistert! – Die ganze Welt *eine* Familie und *ein* Vater dort oben – *Mein* Vater nicht – ich allein der Verstoßene, ich allein ausgemustert aus den Reihen der

Reinen – mir nicht der süße Name Kind – nimmer mir der Geliebten schmachtender Blick – nimmer, nimmer des Busenfreundes Umarmung. *(Wild zurückfahrend.)* Umlagert von Mördern – von Nattern umzischt – angeschmiedet an das Laster mit eisernen Banden – hinausschwindelnd ins Grab des Verderbens auf des Lasters schwankendem Rohr – mitten in den Blumen der glücklichen Welt ein heulender Abbadonna!

Schwarz *(zu den Übrigen)*. Unbegreiflich! ich hab' ihn nie so gesehen.

Moor *(mit Wehmuth)*. Daß ich wiederkehren dürfte in meiner Mutter Leib! daß ich ein Bettler geboren werden dürfte! – Nein! ich wollte nicht mehr, o Himmel – daß ich werden dürfte wie dieser Taglöhner einer! – O ich wollte mich abmüden, daß mir das Blut von den Schläfen rollte – mir die Wollust eines einzigen Mittagsschlafs zu erkaufen – die Seligkeit einer einzigen Thräne.

Grimm *(zu den Andern)*. Nur Geduld, der Paroxysmus ist schon im Fallen.

Moor. Es war eine Zeit, wo sie mir so gern flossen – o ihr Tage des Friedens! du Schloß meines Vaters – ihr grünen schwärmerischen Thäler! O all ihr Elysiums-Scenen meiner Kindheit! – werdet ihr nimmer zurückkehren – nimmer mit köstlichem Säuseln meinen brennenden Busen kühlen? – Traure mit mir, Natur – Sie werden nimmer zurückkehren, nimmer mit köstlichem Säuseln meinen brennenden Busen kühlen. – *Dahin!* dahin, unwiederbringlich! –

***Schweizer** mit Wasser im Hut.*

Schweizer. Sauf zu, Hauptmann – hier ist Wasser genug, und frisch wie Eis.

Schwarz. Du blutest ja – was hast du gemacht?

Schweizer. Narr, einen Spaß, der mich bald zwei Beine und einen Hals gekostet hätte. Wie ich so auf dem Sandhügel am Fluß hintrolle, glitsch! so rutscht der Plunder unter mir ab und ich zehn rheinländische Schuh lang hinunter – da lag ich, und wie ich mir eben meine fünf Sinne wieder zurechtsetze, treff' ich dir das klarste Wasser im Kies. Genug diesmal für den Tanz, dacht' ich, dem Hauptmann wird's wohl schmecken.

Moor *(gibt ihm den Hut zurück und wischt ihm sein Gesicht ab)*. Sonst sieht man ja die Narben nicht, die die böhmischen Reiter in deine Stirne gezeichnet haben – dein Wasser war gut, Schweizer – diese Narben stehen dir schön.

Schweizer. Pah! hat noch Platz genug für ihrer dreißig.

Moor. Ja, Kinder – es war ein heißer Nachmittag – und nur *einen* Mann verloren – mein Roller starb einen schönen Tod. Man würde einen Marmor auf seine Gebeine setzen, wenn er nicht mir gestorben wäre. Nehmet vorlieb mit diesem. *(Er wischt sich die Augen.)* Wie viel waren's doch von den Feinden, die auf dem Platz blieben?

Schweizer. Hundert und sechzig Husaren – drei und neunzig Dragoner, gegen vierzig Jäger – dreihundert in Allem.

Moor. Dreihundert für Einen! – Jeder von euch hat Anspruch an diesen Scheitel! *(Er entblößt sich das Haupt.)* Hier heb' ich meinen Dolch auf. So wahr meine Seele lebt! *Ich will euch niemals verlassen.*

Schweizer. Schwöre nicht! Du weißt nicht, ob du nicht noch glücklich werden und bereuen wirst.

Moor. *Bei den Gebeinen meines Rollers! Ich will euch niemals verlassen.*

***Kosinsky** kommt.*

Kosinsky *(vor sich)*. In dieser Revier herum, sagen sie, werd' ich ihn antreffen – he, holla! was sind das für Gesichter? – sollten's – wie? wenn's Diese – sie sind's, sind's! – ich will sie anreden.

Schwarz. Gebt Acht! wer kommt da?

Kosinsky. Meine Herren! verzeihen Sie! Ich weiß nicht, geh' ich recht oder unrecht?

Moor. Wer müssen wir sein, wenn Sie recht gehn?

Kosinsky. Männer!

Schweizer. Ob wir das auch gezeigt haben, Hauptmann?

Kosinsky. Männer such' ich, die dem Tod ins Gesicht sehen und die Gefahr wie eine zahme Schlange um sich spielen lassen, die Freiheit höher schätzen als Ehre und Leben, deren bloßer Name, willkommen dem Armen und Unterdrückten, die Beherztesten feig und Tyrannen bleich macht.

Schweizer *(zum Hauptmann)*. Der Bursche gefällt mir. – Höre, guter Freund! du hast deine Leute gefunden.

Kosinsky. Das denk' ich und will hoffen, bald meine Brüder. – So könnt ihr mich denn zu meinem rechten Manne weisen, denn ich such' euern Hauptmann, den großen Grafen von Moor.

Schweizer *(gibt ihm die Hand mit Wärme)*. Lieber Junge! wir dutzen einander.

Moor *(näher kommend)*. Kennen Sie auch den Hauptmann?

Kosinsky. Du bist's – in dieser Miene – wer sollte dich ansehen und einen Andern suchen? *(Starrt ihn lange an.)* Ich habe mir immer gewünscht, den Mann mit dem vernichtenden Blicke zu sehen, wie er saß auf den Ruinen von Carthago – jetzt wünsch' ich es nicht mehr.

Schweizer. Blitzbub!

Moor. Und was führt Sie zu mir?

Kosinsky. O Hauptmann! mein mehr als grausames Schicksal – ich habe Schiffbruch gelitten auf der ungestümen See der Welt, die Hoffnungen meines Lebens hab' ich müssen sehen in den Grund sinken, und blieb mir nichts übrig, als die marternde Erinnerung ihres Verlustes, die mich wahnsinnig machen würde, wenn ich sie nicht durch anderwärtige Thätigkeit zu ersticken suchte.

Moor. Schon wieder ein Kläger gegen die Gottheit! – Nur weiter.

Kosinsky. Ich wurde Soldat. Das Unglück verfolgte mich auch da – ich machte eine Fahrt nach Ostindien mit, mein Schiff scheiterte an Klippen – nichts als fehlgeschlagene Plane! Ich hörte endlich weit und breit erzählen von deinen Thaten, *Mordbrennereien*, wie sie sie nannten, und bin hieher gereist dreißig Meilen weit, mit dem festen Entschluß, unter dir zu dienen, wenn du meine Dienste annehmen willst – Ich bitte dich, würdiger Hauptmann, schlage mir's nicht ab!

Schweizer *(mit einem Sprung).* Heisa! Heisa! So ist ja unser Roller zehnhundertfach vergütet! Ein ganzer Mordbruder für unsre Bande!

Moor. Wie ist dein Name?

Kosinsky. Kosinsky.

Moor. Wie, Kosinsky? weißt du auch, daß du ein leichtsinniger Knabe bist und über den großen Schritt deines Lebens weggaukelst, wie ein unbesonnenes Mädchen – Hier wirst du nicht Bälle werfen oder Kegelkugeln schieben, wie du dir einbildest.

Kosinsky. Ich weiß, was du sagen willst – Ich bin vier und zwanzig Jahr alt, aber ich habe Degen blinken gesehen und Kugeln um mich surren gehört.

Moor. So, junger Herr? – Und hast du dein Fechten nur darum gelernt, arme Reisende um einen Reichsthaler niederzustoßen, oder Weiber hinterrücks in den Bauch zu stechen? Geh, geh! du bist deiner Amme entlaufen, weil sie dir mit der Ruthe gedroht hat.

Schweizer. Was zum Henker, Hauptmann! was denkst du? willst du diesen Hercules fortschicken? Sieht er nicht gerade so drein, als wollt' er den Marschall von Sachsen mit einem Rührlöffel über den Ganges jagen?

Moor. Weil dir deine Lappereien mißglücken, kommst du und willst ein Schelm, ein Meuchelmörder werden? – Mord, Knabe, verstehst du das Wort auch? Du magst ruhig schlafen gegangen sein, wenn du Mohnköpfe abgeschlagen hast, aber einen Mord auf der Seele zu tragen –

Kosinsky. Jeden Mord, den du mich begehen heißt, will ich verantworten.

Moor. Was? bist du so klug? Willst du dich anmaßen, einen Mann mit Schmeicheleien zu fangen? Woher weißt du, daß ich nicht böse Träume habe, oder auf dem Todbett nicht werde blaß werden? Wie viel hast du schon gethan, wobei du an Verantwortung gedacht hast?

Kosinsky. Wahrlich! noch sehr wenig, aber doch diese Reise zu dir, edler Graf!

Moor. Hat dir dein Hofmeister die Geschichte des Robins in die Hände gespielt – man sollte dergleichen unvorsichtige Canaillen auf die Galeere schmieden –, die deine kindische Phantasie erhitzte und dich mit der tollen Sucht zum großen Mann ansteckte? Kitzelt dich nach Namen und Ehre? willst du Unsterblichkeit mit Mordbrennereien erkaufen? Merk dir's, ehrgeiziger Jüngling! Für Mordbrenner grünet kein Lorbeer! Auf Banditensiege ist kein Triumph gesetzt – aber Fluch, Gefahr, Tod, Schande – Siehst du auch das Hochgericht dort auf dem Hügel?

Spiegelberg *(unwillig auf und abgehend).* Ei wie dumm! wie abscheulich, wie unverzeihlich dumm! Das ist die Manier nicht! ich hab's anders gemacht.

Kosinsky. Was soll Der fürchten, der den Tod nicht fürchtet?

Moor. Brav! unvergleichlich! Du hast dich wacker in den Schulen gehalten, du hast deinen Seneca meisterlich auswendig gelernt. – Aber, lieber Freund, mit dergleichen Sentenzen wirst du die leidende Natur nicht beschwätzen, damit wirst du die Pfeile des Schmerzens nimmermehr stumpf machen. – Besinne dich recht, mein Sohn! *(Er nimmt seine Hand.)* Denk', ich rathe dir als ein Vater – lern' erst die Tiefe des Abgrunds kennen, eh du hineinspringst! Wenn du noch in der Welt eine einzige Freude zu erhaschen weißt – es könnten Augenblicke kommen, wo du – aufwachst – und dann – möcht' es zu spät sein. Du trittst hier gleichsam aus dem Kreise der Menschheit – entweder mußt du ein höherer Mensch sein, oder du bist ein Teufel – Noch einmal, mein

Sohn! Wenn dir noch ein Funken von Hoffnung irgend anderswo glimmt, so verlaß diesen schrecklichen Bund, den nur Verzweiflung eingeht, wenn ihn nicht eine höhere Weisheit gestiftet hat – Man kann sich täuschen – glaube mir, man kann Das für Stärke des Geistes halten, was doch am Ende Verzweiflung ist – Glaube *mir, mir!* und mach' dich eilig hinweg.

Kosinsky. Nein! ich fliehe jetzt nicht mehr. Wenn dich meine Bitten nicht rühren, so höre die Geschichte meines Unglücks. – Du wirst mir dann selbst den Dolch in die Hände zwingen, du wirst – Lagert euch hier auf dem Boden und hört mir aufmerksam zu!

Moor. Ich will sie hören.

Kosinsky. Wisset also, ich bin ein böhmischer Edelmann und wurde durch den frühen Tod meines Vaters Herr eines ansehnlichen Ritterguts. Die Gegend war paradiesisch – denn sie enthielt einen Engel – ein Mädchen, geschmückt mit allen Reizen der blühenden Jugend und keusch wie das Licht des Himmels. Doch, wem sag' ich das? Es schallt an euren Ohren vorüber – ihr habt niemals geliebt, seid niemals geliebt worden –

Schweizer. Sachte, sachte! unser Hauptmann wird feuerroth.

Moor. Hör' auf! ich will's ein andermal hören – morgen, nächstens, oder – wenn ich Blut gesehen habe.

Kosinsky. Blut, Blut – höre nur weiter! Blut, sag' ich dir, wird deine ganze Seele füllen. Sie war bürgerlicher Geburt, eine Deutsche – aber ihr Anblick schmelzte die Vorurtheile des Adels hinweg. Mit der schüchternsten Bescheidenheit nahm sie den Trauring von meiner Hand, und übermorgen sollte ich meine *Amalia* vor den Altar führen.

Moor *(steht schnell auf).*

Kosinsky. Mitten im Taumel der auf mich wartenden Seligkeit, unter den Zurüstungen zur Vermählung – werd' ich durch einen Expressen nach Hof citiert. Ich stellte mich. Man zeigte mir Briefe, die ich geschrieben haben sollte, voll verrätherischen Inhalts. Ich erröthete über der Bosheit – man nahm mir den Degen ab, warf mich ins Gefängnis, alle meine Sinnen waren hinweg.

Schweizer. Und unterdessen – nur weiter! ich rieche den Braten schon.

Kosinsky. Hier lag ich einen Monat lang und wußte nicht, wie mir geschah. Mir bangte für meine Amalia, die meines Schicksals wegen jede Minute würde einen Tod zu leiden haben. Endlich erschien der erste Minister des Hofes, wünschte mir zur Entdeckung meiner Unschuld Glück mit zuckersüßen Worten, liest mir den Brief der Freiheit vor, gibt mir meinen Degen wieder. Jetzt im Triumphe nach meinem Schloß, in die Arme meiner Amalia zu fliegen, – sie war verschwunden. In der Mitternacht sei sie weggebracht worden, wüßte Niemand, wohin? und seitdem mit keinem Aug mehr gesehen. Hui! schoß mir's auf, wie der Blitz, ich flieg' nach der Stadt, sondiere am Hof – alle Augen wurzelten auf mir, Niemand wollte Bescheid geben – endlich entdeck' ich sie durch ein verborgenes Gitter im Palast – sie warf mir ein Billetchen zu.

Schweizer. Hab' ich's nicht gesagt?

Kosinsky. Hölle, Tod und Teufel! da stand's! man hatte ihr die Wahl gelassen, ob sie mich lieber sterben sehen, oder die Maitresse des Fürsten werden wollte. Im Kampf zwischen Ehre und Liebe entschied sie für das Zweite, und *(lachend)* ich war gerettet.

Schweizer. Was thatst du da?

Kosinsky. Das stand ich, wie von tausend Donnern getroffen! – Blut! war mein erster Gedanke, Blut! mein letzter. Schaum auf dem Munde, renn' ich nach Haus, wähle mir einen dreispitzigen Degen, und damit in aller Jast in des Ministers Haus, denn nur er – er nur war der höllische Kuppler gewesen. Man muß mich von der Gasse bemerkt haben, denn wie ich hinauftrete, waren alle Zimmer verschlossen. Ich suche, ich frage; er sei zum Fürsten gefahren, war die Antwort. Ich mache mich geraden Wegs dahin, man wollte nichts von mir wissen. Ich gehe zurück, sprenge die Thüren ein, finde ihn, wollte eben – aber da sprangen fünf bis sechs Bediente aus dem Hinterhalt und entwanden mir den Degen.

Schweizer *(stampft auf den Boden)*. Und er kriegte nichts, und du zogst leer ab?

Kosinsky. Ich ward ergriffen, angeklagt, peinlich processiert, infam – merkt's euch! – aus *besonderer* Gnade infam aus den Grenzen gejagt; meine Güter fielen als Präsent dem Minister zu, meine Amalia bleibt in den Klauen des Tigers, verseufzt und vertrauert ihr Leben, während daß meine Rache fasten und sich unter das Joch des Despotismus krümmen muß.

Schweizer *(aufstehend, seinen Degen wetzend)*. Das ist Wasser auf unsere Mühle, Hauptmann! Da gibt's was anzuzünden!

Moor *(der bisher in heftigen Bewegungen hin und her gegangen, springt rasch auf, zu den Räubern)*. Ich muß sie sehen – Auf! rafft zusammen – du bleibst, Kosinsky – packt eilig zusammen!

Die Räuber. Wohin, was?

Moor. Wohin? wer fragt wohin? *(Heftig zu Schweizern.)* Verräther, du willst mich zurückhalten? Aber bei der Hoffnung des Himmels! –

Schweizer. Verräther ich? – Geh in die Hölle, ich folge dir!

Moor *(fällt ihm um den Hals)*. Bruderherz! du folgst mir – Sie weint, sie vertrauert ihr Leben. Auf! hurtig! Alle! nach Franken! In acht Tagen müssen wir dort sein. *(Sie gehen ab.)*

Vierter Akt

Erste Scene

Ländliche Gegend um das Moorische Schloß

Räuber Moor. Kosinsky in der Ferne.

Moor. Geh voran und melde mich. Du weiß doch noch Alles, es du sprechen mußt?

Kosinsky. Ihr seid der Graf von Brand, kommt aus Mecklenburg, ich Euer Reitknecht – Sorgt nicht, ich will meine Rolle schon spielen. Lebt wohl! *(Ab.)*

Moor. Sei mir gegrüßt, Vaterlandserde! *(Er küßt die Erde.)* Vaterlandshimmel! Vaterlandssonne! – und Fluren und Hügel und Ströme und Wälder! seid alle, alle mir herzlich gegrüßt! – Wie so köstlich wehet die Luft von meinen Heimathgebirgen! wie strömt balsamische Wonne aus euch dem armen Flüchtling entgegen! – Elysium! dichterische Welt! Halt ein, Moor! dein Fuß wandelt in einem heiligen Tempel.

(Er kommt näher.) Sieh da, auch die Schwalbennester im Schloßhof – auch das Gartenthürchen! – und diese Ecke am Zaun, wo du so oft den Fanger belauschtest und necktest – und dort unten das Wiesenthal, wo du der Held Alexander deine Macedonier ins Treffen bei Arbela führtest, und nebendran der grasige Hügel, von welchem du den persischen Satrapen niederwarfst – und deine siegende Fahne flatterte hoch! *(Er lächelt.)* Die goldnen Maienjahre der Knabenzeit leben wieder auf in der Seele des Elenden – da warst du so glücklich, warst so ganz, so wolkenlos heiter – und nun – da liegen die Trümmer deiner Entwürfe! Hier solltest du wandeln dereinst, ein großer, stattlicher, gepriesener Mann – hier dein Knabenleben in Amalias blühenden Kindern zum zweiten Mal leben – hier! hier der Abgott deines Volks – aber der böse Feind schmollte dazu! *(Er fährt auf.)* Warum bin ich hieher gekommen? daß mir's ginge wie dem Gefangenen, den der klirrende Eisenring aus Träumen der Freiheit aufjagt? – nein, ich gehe in mein Elend zurück! – Der Gefangene hatte das Licht vergessen, aber der Traum der Freiheit fuhr über ihm wie ein Blitz in die Nacht, der sie finsterer zurückläßt – Lebt wohl, ihr Vaterlandsthäler! einst saht ihr den Knaben Karl, und der Knabe Karl war ein glücklicher Knabe – jetzt saht ihr den Mann, und er war in Verzweiflung. *(Er dreht sich schnell nach dem äußersten Ende der Gegend, allwo er plötzlich stille steht und nach dem Schloß mit Wehmuth herüber blickt.)* Sie nicht sehen, nicht einen Blick? – und nur eine Mauer gewesen zwischen mir und Amalia – Nein! sehen muß und sie – muß ich ihn – es soll mich zermalmen! *(Er kehrt um.)* Vater! Vater! dein Sohn naht – weg

mit dir, schwarzes, rauchendes Blut! weg, hohler, grasser, zuckender Todesblick! Nur *diese* Stunde laß mir frei – Amalia! Vater! dein Karl naht! *(Er geht schnell auf das Schloß zu.)* – Quäle mich, wenn der Tag erwacht, laß nicht ab von mir, wenn die Nacht kommt – quäle mich in schrecklichen Träumen! nur vergifte mir diese einzige Wollust nicht! *(Er steht an der Pforte.)* Wie wird mir? was ist Das, Moor? Sei ein Mann! – – Todesschauer – – Schreckenahnung – – *(Er geht hinein.)*

Zweite Scene

Galerie im Schloß

***Räuber Moor. Amalia** treten auf.*

Amalia. Und getrauten Sie sich wohl, sein Bildniß unter diesen Gemälden zu erkennen?

Moor. O ganz gewiß. Sein Bild war immer lebendig in mir. *(An den Gemälden herumgehend.) Dieser* ist's nicht.

Amalia. Errathen! – Er war der Stammvater des gräflichen Hauses und erhielt den Adel von Barbarossa, dem er wider die Seeräuber diente.

Moor *(immer an den Gemälden). Dieser* ist's auch nicht – auch *Der* nicht – auch nicht *Jener* dort – er ist nicht unter ihnen.

Amalia. Wie? Sehen Sie doch besser! ich dachte, Sie kennten ihn –

Moor. Ich kenne meinen Vater nicht besser! Ihm fehlt der sanftmüthige Zug um den Mund, der ihn aus Tausenden kenntlich machte – er ist's nicht.

Amalia. Ich erstaune. Wie? Achtzehn Jahre nicht gesehen, und noch –

Moor *(schnell mit einer fliegenden Röthe). Dieser* ist's! *(Er steht wie vom Blitz gerührt.)*

Amalia. Ein vortrefflicher Mann!

Moor *(in seinem Anblick versunken).* Vater, Vater! vergib mir! – Ja, ein vortrefflicher Mann! – *(Er wischt sich die Augen.)* Ein göttlicher Mann!

Amalia. Sie scheinen viel Antheil an ihm zu nehmen.

Moor. Oh ein vortrefflicher Mann – und er sollte dahin sein?

Amalia. Dahin! wie unsere besten Freuden dahin gehn – *(Sanft seine Hand ergreifend.)* Lieber Herr Graf, es reift keine Seligkeit unter dem Monde.

Moor. Sehr wahr, sehr wahr – und sollten *Sie* schon diese traurige Erfahrung gemacht haben? Sie können nicht dreiundzwanzig Jahre alt sein.

Amalia. Und habe sie gemacht. Alles lebt, um traurig wieder zu sterben. Wir interessieren und nur darum, wir gewinnen nur darum, daß wir wieder mit Schmerzen verlieren.

Moor. Sie verloren schon etwas?

Amalia. Nichts! Alles! Nichts – wollen wir weiter gehen, Herr Graf?

Moor. So eilig? Weß ist dies Bild rechter Hand dort? mich däucht, es ist eine unglückliche Physiognomie.

Amalia. Dies Bild linker Hand ist der Sohn des Grafen, der wirkliche Herr – Kommen Sie, kommen Sie!

Moor. Aber dies Bild rechter Hand?

Amalia. Sie wollen nicht in den Garten gehn?

Moor. Aber dies Bild rechter Hand? – Du weinst, Amalia?

Amalia *(schnell ab)*.

Moor.

Sie liebt mich! sie liebt mich! – Ihr ganzes Wesen fing an, sich zu empören, verrätherisch rollten die Thränen von ihren Wangen. Sie liebt mich! – Elender, das verdientest du um sie! Steh' ich nicht hier wie ein Gerichteter vor dem tödlichen Block? Ist das der Sopha, wo ich an ihrem Halse in Wonne schwamm? Sind das die väterlichen Säle? *(Ergriffen vom Anblick seines Vaters.)* Du, du – Feuerflammen aus deinem Auge – Fluch, Fluch,

Verwerfung! – Wo bin ich? Nacht vor meinen Augen – Schrecknisse Gottes – Ich, ich hab' ihn getödtet! *(Er rennt davon.)*

Franz von Moor in tiefen Gedanken.

Weg mit diesem Bild! weg, feige Memme! Was zagst du, und vor wem? Ist's mir nicht die wenigen Stunden, die der Graf in diesen Mauern wandelt, als schlich' immer ein Spion der Hölle meinen Fersen nach – Ich sollt' ihn kennen! Es ist so was Großes und Oftgesehenes in seinem wilden sonnenverbrannten Gesicht, das mich beben macht – Auch Amalia ist nicht gleichgültig gegen ihn! Läßt sie nicht so gierig schmachtende Blicke auf dem Kerl herumkreuzen, mit denen sie doch gegen alle Welt sonst so geizig thut? Sah ich's nicht, wie sie ein paar diebische Thränen in den Wein fallen ließ, den er hinter meinem Rücken so hastig in sich schlürfte, als wenn er das Glas mit hineinziehen wollte? Ja, das sah ich, durch den Spiegel sah ich's mit diesen meinen Augen. Holla, Franz! sieh dich vor! dahinter steckt irgend ein verderbenschwangeres Ungeheuer!

(Er steht forschend dem Porträt Karls gegenüber.)

Sein langer Gänsehals – seine schwarzen, feuerwerfenden Augen, hm! hm! – sein finsteres überhangendes, buschichtes Augenbraun. *(Plötzlich zusammenfahrend.)* – Schadenfrohe Hölle! jagst du mir diese Ahnung ein? Es ist *Karl!* ja! jetzt werden mir alle Züge wieder lebendig – Er ist's! trutz seiner Larve! – Er ist's – trutz seiner Larve – Er ist's – Tod und Verdammniß! *(Auf und ab mit heftigen Schritten.)* Hab' ich darum meine Nächte verpraßt, – darum Felsen hinweggeräumt und Abgründe eben gemacht, – bin ich darum gegen alle Instincte der Menschheit rebellisch worden, daß mir zuletzt dieser unstäte Landstreicher durch meine künstlichsten Wirbel tölple – Sachte! nur sachte! – Es ist nur noch Spielarbeit übrig – Bin ich doch ohnehin schon bis an die Ohren in Todsünden gewatet, daß es Unsinn wäre, zurückzuschwimmen, wenn das Ufer schon so weit hinten liegt – ans Umkehren ist doch nicht mehr zu gedenken – Die *Gnade* selbst würde an den Bettelstab gebracht und die *unendliche Erbarmung* bankerott werden, wenn sie für meine Schulden all gut sagen wollte – Also vorwärts wie ein Mann – *(Er schellt.)* –

Er versammle sich zu dem Geist seines Vaters und komme! der Todten spott' ich. Daniel! he, Daniel! – Was gilt's, den haben sie auch schon gegen mich aufgewiegelt? Er sieht so geheimnißvoll.

Daniel kommt.

Daniel. Was steht zu Befehl, mein Gebieter?

Franz. Nichts. Fort, fülle diesen Becher Wein, aber hurtig! *(Daniel ab.)* Wart, Alter! dich will ich fangen, ins Auge will ich dich fassen, so starr, daß dein getroffenes Gewissen durch die Larve erblassen soll! – Er soll sterben! Der ist ein Stümper, der sein Werk nur auf die Hälfte bringt und dann weggeht und müßig zugafft, wie es weiter damit werden wird.

Daniel mit Wein.

Franz. Stell' ihn hieher! Sieh mir fest ins Auge! Wie deine Kniee schlottern! wie du zitterst! Gesteh, Alter, was hast du gethan?

Daniel. Nichts, gnädiger Herr, so wahr Gott lebt und meine arme Seele.

Franz. Trink diesen Wein aus! – Was? du zauderst? – Heraus, schnell! Was hast du in den Wein geworfen?

Daniel. Hilf Gott! Was? Ich – in den Wein?

Franz. Gift hast du in den Wein geworfen! Bist du nicht bleich wie Schnee? Gesteh, gesteh! Wer hat's dir gegeben? Nicht wahr, der Graf, der Graf hat dir's gegeben?

Daniel. Der Graf? Jesus Maria! Der Graf hat mir nichts gegeben.

Franz *(greift ihn hart an)*. Ich will dich würgen, daß du blau wirst, eisgrauer Lügner du! Nichts? Und was staket ihr denn so beisammen? Er und du und Amalia? Und was flüstertet ihr immer zusammen? Heraus damit! Was für Geheimnisse, was für Geheimnisse hat er dir anvertraut?

Daniel. Das weiß der allwissende Gott. Er hat mir keine Geheimnisse anvertraut.

Franz. Willst du es leugnen? Was für Kabalen habt ihr angezettelt, mich aus dem Weg zu räumen? Nicht wahr? Mich im Schlaf zu erdrosseln? Mir beim Bartscheeren die Gurgel abzuschneiden? Mir im Wein oder im Chocolade zu vergeben? Heraus, heraus! – oder mir in der Suppe den ewigen Schlaf zu geben? Heraus damit! ich weiß Alles.

Daniel. So helfe mir Gott, wenn ich in Noth bin, wie ich Euch jetzt nichts anders sage, als die reine lautere Wahrheit.

Franz. Diesmal will ich dir verzeihen. Aber gelt, er steckte dir gewiß Geld in deinen Beutel? Er drückte dir die Hand stärker, als der Brauch ist? so ungefähr, wie man sie seinen alten Bekannten zu drücken pflegt?

Daniel. Niemals, mein Gebieter.

Franz. Er sagte dir, zum Exempel, daß er dich etwa schon kenne? – daß du ihn fast kennen solltest? daß dir einmal die Decke von den Augen fallen würde – daß – was? davon sollt' er dir niemals gesagt haben?

Daniel. Nicht das Mindeste.

Franz. Daß gewisse Umstände ihn abhielten – daß man oft Masken nehmen müsse, um seinen Feinden zuzukönnen – daß er sich rächen wolle, aufs grimmigste rächen wolle?

Daniel. Nicht einen Laut von Diesem allem.

Franz. Was? gar nichts? Besinne dich recht. – Daß er den alten Herrn sehr genau – besonders genau gekannt – daß er ihn liebe – ungemein liebe – wie ein Sohn liebe –

Daniel. Etwas dergleichen erinnere ich mich von ihm gehört zu haben.

Franz *(blaß)*. Hat er, hat er wirklich? Wie, so laß mich doch hören! Er sagte, er sei mein Bruder?

Daniel *(betroffen)*. Was, mein Gebieter? – Nein, das sagte er nicht. Aber wie ihn das Fräulein in der Galerie herumführte, ich putzte eben den Staub von den Rahmen der Gemälde ab, stand er bei dem Portrait des seligen Herrn plötzlich still, wie vom Donner gerührt. Das gnädige

Fräulein deutete darauf hin und sagte: ein vortrefflicher Mann! Ja, ein vortrefflicher Mann! gab er zur Antwort, indem er sich die Augen wischte.

Franz. Höre, Daniel! Du weißt, ich bin immer ein gütiger Herr gegen dich gewesen, ich hab' dir Nahrung und Kleider gegeben und dein schwaches Alter in allen Geschäften geschonet –

Daniel. Dafür lohn' Euch der liebe Herr Gott! und ich hab' Euch immer redlich gedienet.

Franz. Das wollt' ich eben sagen. Du hast mir in deinem Leben noch keine Widerrede gegeben, denn du weißt gar zu wohl, daß du mir Gehorsam schuldig bist in allem, was ich dich heiße.

Daniel. In Allem von ganzem Herzen, wenn es nicht wider Gott und mein Gewissen geht.

Franz. Possen, Possen! Schämst du dich nicht? Ein alter Mann, und an das Weihnachtsmärchen zu glauben! Geh, Daniel! das war ein dummer Gedanke. Ich bin ja Herr. Mich werden Gott und Gewissen strafen, wenn es ja einen Gott und ein Gewissen gibt.

Daniel *(schlägt die Hände zusammen)*. Barmherziger Himmel!

Franz. Bei deinem Gehorsam! Verstehst du das Wort auch? Bei deinem Gehorsam befehl' ich dir, morgen darf der Graf nimmer unter den Lebendigen wandeln.

Daniel. Hilf, heiliger Gott! Weswegen?

Franz. Bei deinem *blinden* Gehorsam! – und an dich werd' ich mich halten.

Daniel. An mich? Hilf, selige Mutter Gottes! An mich? Was hab' ich alter Mann denn Böses gethan?

Franz. Hier ist nicht lang Besinnszeit, dein Schicksal steht in meiner Hand. Willst du dein Leben im tiefsten meiner Thürme vollends ausschmachten, wo der Hunger dich zwingen wird, deine eigenen Knochen abzunagen, und der brennende Durst, dein eigenes Wasser wieder zu saufen? – Oder willst du lieber dein Brod essen in Frieden, und Ruhe haben in deinem Alter?

Daniel. Was, Herr? Fried' und Ruhe im Alter, und ein Todtschläger?

Franz. Antwort' auf meine Frage!

Daniel. Meine grauen Haare, meine grauen Haare!

Franz. Ja oder Nein!

Daniel. Nein! – Gott erbarme sich meiner!

Franz *(im Begriff zu gehen)*. Gut, du sollst's nöthig haben. *(Daniel hält ihn auf und fällt vor ihm nieder.)*

Daniel. Erbarmen, Herr! Erbarmen!

Franz. Ja oder Nein!

Daniel. Gnädiger Herr, ich bin heute einundsiebenzig Jahr alt, und hab' Vater und Mutter geehret, und Niemand meines Wissens um des Hellers Werth im Leben vervortheilt, und hab' an meinem Glauben gehalten treu und redlich, und hab' in Eurem Hause gedient vierundvierzig Jahr, und erwarte jetzt ein ruhig seliges Ende, ach, Herr, Herr! *(umfaßt seine Kniee heftig)* und Ihr wollt mir den letzten Trost rauben im Sterben, daß der Wurm des Gewissens mich um mein letztes Gebet bringe, daß ich ein Gräuel vor Gott und Menschen schlafen gehen soll? Nein, nein, mein liebster bester, liebster gnädiger Herr! Das wollt Ihr nicht, Das könnt Ihr nicht wollen von einem einundsiebenzigjährigen Manne.

Franz. Ja oder Nein! was soll das Geplapper?

Daniel. Ich will Euch von nun an noch eifriger dienen, will meine dürren Sehnen in Eurem Dienst wie ein Taglöhner abarbeiten, will früher aufstehen, will später mich niederlegen – ach, und will Euch einschließen in mein Abend- und Morgengebet, und Gott wird das Gebet eines alten Mannes nicht wegwerfen.

Franz. Gehorsam ist besser, denn Opfer. Hast du je gehört, daß sich der Henker zierte, wenn er ein Urtheil vollstrecken sollte?

Daniel. Ach ja wohl! aber eine Unschuld erwürgen – einen –

Franz. Bin ich dir etwa Rechenschaft schuldig? Darf das Beil den Henker fragen, warum dahin und nicht dorthin? – Aber sieh, wie langmüthig ich bin – ich biete dir eine Belohnung für Das, was du mir huldigtest.

Daniel. Aber ich hoffte, ein Christ bleiben zu dürfen, da ich Euch huldigte.

Franz. Keine Widerrede! Siehe, ich gebe dir einen ganzen Tag noch Bedenkzeit! Überlege es nochmals. Glück und Unglück – hörst du? verstehst du? das höchste Glück und das äußerste Unglück! Ich will Wunder thun im Peinigen.

Daniel *(nach einigem Nachdenken).* Ich will's thun, morgen will ich's thun. *(Ab.)*

Franz.

Die Versuchung ist stark, und der war wohl nicht zum Märtyrer seines Glaubens geboren. – Wohl bekomm's denn, Herr Graf! Allem Ansehen nach werden Sie morgen Abend Ihre Henkermahlzeit halten! – Es kommt Alles nur darauf an, wie man davon denkt, und Der ist ein Narr, der wider seine Vortheile denkt. Den Vater, der vielleicht eine Bouteille Wein weiter getrunken hat, kommt der Kitzel an – und draus wird ein Mensch, und der Mensch war gewiß das Letzte, woran bei der ganzen Herculesarbeit gedacht wird. Nun kommt mich eben auch der Kitzel an – und dran krepiert ein Mensch, und gewiß ist hier mehr Verstand und Absichten, als dort bei seinem Entstehen war – Hängt nicht das Dasein der meisten Menschen mehrentheils an der Hitze eines Juliusmittags, oder am anziehenden Anblick eines Betttuchs, oder an der wagrechten Lage einer schlafenden Küchengrazie, oder an einem ausgelöschten Licht? – Ist die Geburt des Menschen das Werk einer viehischen Anwandlung, eines Ungefährs, wer sollte wegen der *Verneinung seiner Geburt* sich einkommen lassen, an ein bedeutendes Etwas zu denken? Verflucht sei die Thorheit unserer Ammen und Wärterinnen, die unsere Phantasie mit schrecklichen Märchen verderben und gräßliche Bilder von

Strafgerichten in unser weiches Gehirnmark drücken, daß unwillkürliche Schauder die Glieder des Mannes noch in frostige Angst rütteln, unsere kühnste Entschlossenheit sperren, unsere erwachende Vernunft an Ketten abergläubischer Finsterniß legen – *Mord!* wie eine ganze Hölle von Furien um das Wort flattert – die Natur vergaß einen Mann mehr zu machen – die Nabelschnur ist nicht unterbunden worden – der Vater hat in der Hochzeitnacht glatten Leib bekommen – und die ganze Schattenspielerei ist verschwunden. Es war etwas und wird nichts – heißt es nicht eben so viel, als: es war nichts und wird nichts, und um nichts wird kein Wort mehr gewechselt – der Mensch entsteht aus Morast, und watet eine Weile im Morast, und macht Morast, und gährt wieder zusammen in Morast, bis er zuletzt an den Schuhsohlen seines Urenkels unfläthig anklebt. Das ist das Ende vom Lied – der morastige Zirkel de menschlichen Bestimmung, und somit – glückliche Reise, Herr Bruder! Der milzsüchtige, podagrische Moralist von einem Gewissen mag runzlichte Weiber aus Bordellen jagen und alte Wucherer auf dem Todesbett foltern – bei mir wird er nimmermehr Audienz bekommen. *(Er geht ab.)*

Dritte Scene

Anderes Zimmer im Schloß

Räuber Moor *von der einen,* ***Daniel*** *von der andern.*

Moor *(hastig)*. Wo ist das Fräulein?

Daniel. Gnädiger Herr! Erlaubt einem armen Mann, Euch um etwas zu bitten.

Moor. Es ist dir gewährt, was willst du?

Daniel. Nicht viel und Alles, so wenig und doch so viel – laßt mich Eure Hand küssen!

Moor. Das sollst du nicht, guter Alter! *(umarmt ihn)* den ich Vater nennen möchte.

Daniel. Eure Hand, Eure Hand! ich bitt' Euch.

Moor. Du sollst nicht.

Daniel. Ich muß! *(Er greift sie, betrachtet sie schnell und fällt vor ihm nieder.)* Lieber, bester Karl!

Moor *(erschrickt, faßt sich, fremd).* Freund, was sagst du? Ich verstehe dich nicht.

Daniel. Ja, leugnet es nur, verstellt Euch! Schön, schön! Ihr seid immer mein bester, köstlicher Junker – Lieber Gott, daß ich alter Mann noch die Freude – dummer Tölpel ich, daß ich Euch nicht gleich – Ei du himmlischer Vater! So seid Ihr ja wiedergekommen, und der alte Herr ist unterm Boden, und da seid Ihr ja wieder – was für ein blinder Esel ich doch war *(sich vor den Kopf schlagend),* daß ich Euch nicht im ersten Hui – Ei du mein! Wer hätte sich das träumen lassen! – Um was ich mit Thränen betete, – Jesus Christus! Da steht er ja leibhaftig wieder in der alten Stube!

Moor. Was ist das für eine Sprache? Seid Ihr vom hitzigen Fieber aufgesprungen? oder wollt Ihr eine Komödienrolle an mir probiren?

Daniel. Ei pfui doch, pfui doch! Das ist nicht fein, einen alten Knecht so zum Besten haben – Diese Narbe! He, wißt Ihr noch? – Großer Gott! Was Ihr mir da für Angst einjagtet – ich hab' Euch immer so lieb gehabt, und was Ihr mir da für Herzeleid hättet anrichten können – Ihr saßt mir im Schooß – wißt Ihr noch? – dort in der runden Stube – gelt, Vogel! Das habt Ihr freilich vergessen – auch den Kukuk, den Ihr so gern hörtet – denkt doch! der Kukuk ist zerschlagen, in Grundsboden geschlagen – die alte Susel hat ihn verwettert, wie sie die Stube fegte – ja freilich, und da saßt Ihr mir im Schooß und rieft: Hotto! und ich lief fort, Euch den Hottogaul zu holen – Jesus Gott! warum mußt' ich alter Esel auch fortlaufen? – und wie mir's siedigheiß über den Buckel lief – wie ich das Zetergeschrei höre draußen im Öhrn, spring' herein, und da lief das helle Blut, und laget am Boden, und hattet – heilige Mutter Gottes! war mir's nicht, als wenn mir ein Kübel eiskalt Wasser übern Nacken spritzte – aber so geht's, wenn man nicht alle Augen auf die Kinder hat. Großer Gott, wenn's ins Aug gegangen wäre – War's dazu noch die rechte Hand. Mein Lebenstag, sagt' ich, soll mir kein Kind mehr ein Messer oder eine Scheere, oder so was Spitziges, sagt' ich – in die Hände kriegen, sagt' ich – war zum Glück noch Herr und Frau verreiset – ja, ja, das soll mir mein Tag des Lebens eine Warnung sein, sagt' ich – Jemini, Jemini! ich hätte vom Dienst kommen können, ich hätte – Gott der Herr verzeih's Euch, gottloses Kind – aber Gottlob! es heilte glücklich, bis auf die wüste Narbe.

Moor. Ich begreife kein Wort von Allem, was du sagst.

Daniel. Ja gelt, galt? Das war noch eine Zeit? Wie manches Zuckerbrod, oder Biscuit, oder Macrone ich Euch hab' zugeschoben, hab' Euch immer am gernsten gehabt, und wißt Ihr noch, was Ihr mir drunten sagtet im Stall, wie ich Euch auf des alten Herrn seinen Schweißfuchsen setzte und Euch auf der großen Wiese ließ herumjagen? Daniel, sagtet Ihr, laß mich nur einen großen Mann werden, Daniel, so sollst du mein Verwalter sein und mit mir in der Kutsche fahren, – ja, sagt' ich und lachte, wenn Gott Leben und Gesundheit schenkt, und Ihr Euch eines alten Mannes nicht schämen werdet, sagt' ich, so will ich Euch bitten, mir das Häuschen drunten im Dorf zu räumen, das schon eine gute Weil leer steht, und da wollt' ich mir ein Eimer zwanzig Wein einlegen und wirthschaften in meinen alten Tagen. – Ja, lacht nur, lacht nur! Gelt, junger Herr, das habt Ihr rein ausgeschwitzt? – den alten Mann will man nicht kennen, da thut man so fremd, so fürnehm – o Ihr seid doch mein goldiger Junker – freilich halt ein Bischen luker gewesen – nehmt mir's nicht übel! – wie's eben das junge Fleisch meistens ist – am Ende kann noch Alles gut werden.

Moor *(fällt ihm um den Hals)*. Ja, Daniel, ich will's nicht mehr verhehlen! Ich bin dein Karl, dein verlorner Karl! Was macht meine Amalia?

Daniel *(fängt an zu weinen)*. Daß ich alter Sünder noch die Freude haben soll, – und der Herr selig weinete umsonst! – Abe, abe, weißer Schädel! mürbe Knochen, fahret in die Grube mit Freuden! Mein Herr und Meister lebt, ihn haben meine Augen gesehen!

Moor. Und will halten, was er versprochen hat, – nimm das, ehrlicher Graukopf, für den Schweißfuchsen im Stall; *(drängt ihm einen schweren Beutel auf)* nicht vergessen hab' ich den alten Mann.

Daniel. Wie? was treibt Ihr? Zu viel, Ihr habt Euch vergriffen.

Moor. Nicht vergriffen, Daniel! *(Daniel will niederfallen.)* Steh auf! sage mir, was macht meine Amalia?

Daniel. Gottes Lohn! Gottes Lohn! Ei, Herr Jerem! – Eure Amalia, oh, die wird's nicht überleben, die wird sterben vor Freude!

Moor *(heftig)*. Sie vergaß mich nicht?

Daniel. Vergessen? Wie schwätzt Ihr wieder? Euch vergessen? – da hättet Ihr sollen dabei sein, hättet's sollen mit ansehen, wie sie sich geberdete, als die Zeitung kam, Ihr wärt gestorben, die der gnädige Herr ausstreuen ließ –

Moor. Was sagst du? mein Bruder –

Daniel. Ja, Euer Bruder, der gnädige Herr, Euer Bruder – ich will Euch ein andermal mehr davon erzählen, wenn's Zeit dazu ist – und wie sauber sie ihm abkappte, wenn er ihr alle Tage, die Gott schickt, seinen Antrag machte und sie zur gnädigen Frau machen wollte. O ich muß hin, muß hin, ihr sagen, ihr die Botschaft bringen. *(Will fort.)*

Moor. Halt, halt! sie darf's nicht wissen, darf's Niemand wissen, auch mein Bruder nicht. –

Daniel. Euer Bruder? Nein, beileibe nicht, er darf's nicht wissen! Er gar nicht! – Wenn er nicht schon mehr weiß, als er wissen darf – Oh, ich sage Euch, es gibt garstige Menschen, garstige Brüder, garstige Herren – aber ich möcht' um alles Gold meines Herrn willen kein garstiger Knecht sein – der gnädige Herr hielt Euch todt.

Moor. Hm! was brummst du da?

Daniel *(leiser)*. Und wenn man freilich so ungebeten aufersteht – Euer Bruder war des Herrn selig einziger Erbe –

Moor. Alter! – was murmelst du da zwischen den Zähnen, als wenn irgend ein Ungeheuer von Geheimniß auf deiner Zunge schwebte, das nicht heraus wollte und doch heraus sollte? Rede deutlicher!

Daniel. Aber ich will lieber meine alten Knochen abnagen vor Hunger, lieber vor Durst mein eigenes Wasser saufen, als Wohlleben die Fülle verdienen mit einem Todtschlag. *(Schnell ab.)*

***Moor** auffahrend aus einer schrecklichen Pause.*

Betrogen, betrogen! da fährt es über meine Seele wie der Blitz! – *Spitzbübische Künste!* Himmel und Hölle! Nicht du, Vater! *Spitzbübische Künste! Mörder, Räuber* durch spitzbübische Künste! Angeschwärzt von ihm! verfälscht, unterdrückt meine Briefe – voll Liebe sein Herz – oh ich Ungeheuer von einem Thoren – voll Liebe sein Vaterherz – oh Schelmerei, Schelmerei! Es hätte mich einen Fußfall gekostet – es hätte mich eine Thräne gekostet – oh ich blöder, blöder, blöder Thor! *(Wider die Wand rennend).* Ich hätte glücklich sein können – o Büberei, Büberei! das Glück meines Lebens bübisch, bübisch hinwegbetrogen. *(Er läuft wüthend auf und nieder.)* Mörder, Räuber durch spitzbübische Künste! – Er grollte nicht einmal. Nicht ein Gedanke von Fluch in seinem Herzen – Oh Bösewicht! unbegreiflicher, schleichender, abscheulicher Bösewicht!

***Kosinsky** kommt.*

Kosinsky. Nun, Hauptmann, wo steckst du? Was ist's? Du willst noch länger hier bleiben, merk' ich.

Moor. Auf! Sattle die Pferde! Wir müssen vor Sonnenuntergang noch über den Grenzen sein!

Kosinsky. Du spaßest.

Moor *(befehlend).* Hurtig, hurtig! Zaudre nicht lang, laß Alles da! und daß kein Aug dich gewahr wird. *(Kosinsky ab.)*

Moor.

Ich fliehe aus diesen Mauern. Der geringste Verzug könnte mich wüthig machen, und er ist meines Vaters Sohn – Bruder, Bruder! du hast mich zum Elendesten auf Erden gemacht, ich habe dich niemals beleidigt, es war nicht brüderlich gehandelt – Ernte die Früchte deiner Unthat in Ruhe, meine Gegenwart soll dir den Genuß nicht länger vergällen – aber gewiß, es war nicht brüderlich gehandelt. Finsterniß verlösche sie auf ewig, und der Tod rühre sie nicht auf.

Kosinsky.

Kosinsky. Die Pferde stehn gesattelt, Ihr könnt aufsitzen, wenn Ihr wollt.

Moor. Presser, Presser! Warum so eilig? Soll ich sie nicht mehr sehn?

Kosinsky. Ich zäume gleich wieder ab, wenn Ihr's haben wollt; Ihr hießt mich ja über Hals und Kopf eilen.

Moor. Noch einmal! ein Lebewohl noch! ich muß den Gifttrank dieser Seligkeit vollends ausschlürfen, und dann – halt, Kosinsky! zehn Minuten noch – hinten am Schloßhof – und wir sprengen davon!

Vierte Scene

Im Garten

Amalia.

Du weinst, Amalia? – und das sprach er mit einer Stimme, mit einer Stimme – mir war's, als ob die Natur sich verjüngte – die genossenen Lenze der Liebe dämmerten auf mit der Stimme! Die Nachtigall schlug wie damals – die Blumen hauchten wie damals – und ich lag wonneberauscht an seinem Hals – Ha! falsches, treuloses Herz! wie du deinen Meineid beschönigen willst! Nein, nein, weg aus meiner Seele, du Frevelbild! – ich hab' meinen Eid nicht gebrochen, du Einziger! Weg aus meiner Seele, ihr verrätherischen gottlosen Wünsche! im Herzen, wo Karl herrscht, darf kein Erdensohn nisten. – Aber warum, meine Seele, so immer, so wider Willen nach diesem Fremdling? Hängt er sich nicht so hart an das Bild meines Einzigen? Ist er nicht der ewige Begleiter meines Einzigen? *Du weinst, Amalia?* – Ha, ich will ihn fliehen! – fliehen! – Nimmermehr sehen soll mein Aug diesen Fremdling!

***Räuber Moor** öffnet die Gartenthüre.*

Amalia *(fährt zusammen)*. Horch! horch! Rauschte die Thüre nicht? *(Sie wird Karln gewahr und springt auf.)* Er – wohin? – was? – da hat mich's angewurzelt, daß ich nicht fliehen kann – Verlaß mich nicht, Gott im Himmel! – Nein, du sollst mir meinen Karl nicht entreißen! Meine Seele hat nicht Raum für zwei Gottheiten, und ich bin ein sterbliches Mädchen! *(Sie nimmt Karls Bild heraus.)* Du, mein Karl, sei mein Genius wider diesen Fremdling, den Liebestörer! dich, dich ansehen unverwandt, – und weg alle gottlosen Blicke nach Diesem. *(Sie sitzt stumm – das Auge starr auf das Bild geheftet.)*

Moor. Sie da, gnädiges Fräulein? – und traurig? – und eine Thräne auf diesem Gemälde? *(Amalia gibt ihm keine Antwort.)* – Und wer ist der Glückliche, um den sich das Aug eines Engels versilbert? darf auch ich diesen Verherrlichten – *(Er will das Gemälde betrachten.)*

Amalia. Nein, ja, nein!

Moor *(zurückfahrend)*. Ha! – und verdient er diese Vergötterung? verdient er? –

Amalia. Wenn Sie ihn gekannt hätten!

Moor. Ich würd' ihn beneidet haben.

Amalia. Angebetet, wollen Sie sagen.

Moor. Ha!

Amalia. Oh, Sie hätten ihn so lieb gehabt – es war so viel, so viel in seinem Angesicht – in seinen Augen – im Ton seiner Stimme, das Ihnen so gleich kommt – das ich so liebe –

Moor *(sieht zur Erde)*.

Amalia. Hier, wo Sie stehen, stand er tausendmal – und neben ihm Die, die neben ihm Himmel und Erde vergaß – hier durchirrte sein Aug die um ihn prangende Gegend – sie schien den großen belohnenden Blick zu empfinden und sich unter dem Wohlgefallen ihres Meisterbildes zu verschönern – hier hielt er mit himmlischer Musik die Hörer der Lüfte gefangen – hier an diesem Busch pflückte er Rosen, und pflückte die

Rosen für mich – hier, hier lag er an meinem Halse, brannte sein Mund auf dem meinen, und die Blumen starben gern unter der Liebenden Fußtritt –

Moor. Er ist nicht mehr?

Amalia. Er segelt auf ungestümen Meeren – Amalias Liebe segelt mit ihm – er wandelt durch ungebahnte sandigte Wüsten – Amalias Liebe macht den brennenden Sand unter ihm grünen und die wilden Gesträuche blühen – der Mittag sengt sein entblößtes Haupt, nordischer Schnee schrumpft seine Sohlen zusammen, stürmischer Hagel regnet um seine Schläfe, und Amalias Liebe wiegt ihn in Stürmen ein – Meere und Berge und Horizonte zwischen den Liebenden – aber die Seelen versetzen sich aus dem staubigten Kerker und treffen sich im Paradiese der Liebe – Sie scheinen traurig, Herr Graf?

Moor. Die Worte der Liebe machen auch meine Liebe lebendig.

Amalia *(blaß).* Was? Sie lieben eine Andre? – Weh mir, was hab' ich gesagt?

Moor. Sie glaubte mich todt, und blieb treu dem Todtgeglaubten – sie hörte wieder, ich lebe, und opferte mir die Krone einer Heiligen auf. Sie weiß mich in Wüsten irren und im Elend herumschwärmen, und ihre Liebe fliegt durch Wüsten und Elend mir nach. Auch heißt sie Amalia, wie Sie, gnädiges Fräulein.

Amalia. Wie beneid' ich Ihre Amalia!

Moor. Oh, sie ist ein unglückliches Mädchen; ihre Liebe ist für einen, der verloren ist, und wird – ewig niemals belohnt.

Amalia. Nein, sie wird im Himmel belohnt. Sagt man nicht, es gebe eine bessere Welt, wo dir Traurigen sich freuen und die Liebenden sich wieder erkennen?

Moor. Ja, eine Welt, wo die Schleier hinwegfallen und die Liebe sich schrecklich wiederfindet – *Ewigkeit* heißt ihr Name – meine Amalia ist ein unglückliches Mädchen.

Amalia. Unglücklich, und *Sie* lieben?

Moor. Unglücklich, weil sie mich liebt! Wie, wenn ich ein Todtschläger wäre? wie, mein Fräulein, wenn Ihr Geliebter Ihnen für jeden Kuß einen Mord aufzählen könnte? Wehe meiner Amalia! sie ist ein unglückliches Mädchen.

Amalia *(froh aufhüpfend)*. Ha! wie bin ich ein glückliches Mädchen! Mein Einziger ist Nachtstrahl der Gottheit, und die Gottheit ist Huld und Erbarmen! Nicht eine Fliege konnt' er leiden sehen – Seine Seele ist so fern von einem blutigen Gedanken, als fern der Mittag von der Mitternacht ist.

Moor *(kehrt sich schnell ab in ein Gebüsch, blickt starr in die Gegend)*.

Amalia *(singt und spielt auf der Laute)*.

Willst mich, Hektor, ewig mir entreißen,
Wo des Äaciden mordend Eisen
Dem Patroklus schrecklich Opfer bringt?
Wer wird künftig deinen Kleinen lehren
Speere werfen und die Götter ehren,
Wenn hinunter dich der Xanthus schlingt?

Moor *(nimmt die Laute stillschweigend und spielt)*.

Theures Weib, geh, hol die Todeslanze! –
Laß – mich fort – zum wilden Kriegestanze –

(Er wirft die Laute weg und flieht davon.)

Fünfte Scene

Nahgelegener Wald. Nacht. Ein altes verfallenes Schloß in der Mitte

***Die Räuberbande** gelagert auf der Erde.*

***Die Räuber** singen.*

Stehlen, morden, huren, balgen
Heißt bei uns nur die Zeit zerstreun.

Morgen hangen wir am Galgen,
Drum laßt uns heute lustig sein.

Ein freies Leben führen wir,
Ein Leben voller Wonne;
Der Wald ist unser Nachtquartier,
Bei Sturm und Wind hantieren wir,
Der Mond ist unsre Sonne,
Mercurius ist unser Mann,
Der's Prakticieren trefflich kann.

Heut laden wir bei Pfaffen uns ein,
Bei masten Pächtern morgen;
Was drüber ist, da lassen wir fein
Den lieben Herrgott sorgen.

Und haben wir im Traubensaft
Die Gurgel ausgebadet,
So machen wir uns Muth und Kraft
Und mit dem Schwarzen Brüderschaft,
Der in der Hölle bratet.

Das Wehgeheul geschlagner Väter,
Der bangen Mütter Klaggezeter,
Das Winseln der verlaßnen Braut
Ist Schmaus für unsre Trommelhaut!

Ha! wenn sie euch unter dem Beile so zucken,
Ausbrüllen wie Kälber, umfallen wie Mucken,
Das kitzelt unsern Augenstern,
Das schmeichelt unsern Ohren gern.

Und wenn mein Stündlein kommen nun,
Der Henker soll es holen!
So haben wir halt unsern Lohn
Und schmieren unsre Sohlen,

Ein Schlückchen auf den Weg vom heißen Traubensohn,
Und hurra rax dax! geht's, als flögen wir davon.

Schweizer. Es wird Nacht, und der Hauptmann noch nicht da!

Razmann. Und versprach doch Schlag acht Uhr wieder bei uns einzutreffen.

Schweizer. Wenn ihm Leides geschehen wäre – Kameraden! wir zünden an und morden den Säugling.

Spiegelberg *(nimmt Razmann beiseite)*. Auf ein Wort, Razmann.

Schwarz *(zu Grimm)*. Wollen wir nicht Spionen ausstellen?

Grimm. Laß du ihn! Er wird einen Fang thun, daß wir uns schämen müssen.

Schweizer. Da brennst du dich, beim Henker! Er ging nicht von uns wie einer, der einen Schelmenstreich im Schild führt. Hast du vergessen, was er gesagt hat, als er uns über die Heide führte? – „Wer nur eine Rübe vom Acker stiehlt, daß ich's erfahre, läßt seinen Kopf hier, so wahr ich *Moor* heiße." – Wir dürfen nicht rauben.

Razmann *(leise zu Spiegelberg)*. Wo will das hinaus – rede deutscher!

Spiegelberg. Pst! Pst! – Ich weiß nicht, was du oder ich für Begriffe von Freiheit haben, daß wir an einem Karrn ziehen, wie Stiere, und dabei wunderviel von Independenz declamieren – Es gefällt mir nicht.

Schweizer *(zu Grimm)*. Was wohl dieser Windkopf hier an der Kunkel hat?

Razmann *(leise zu Spiegelberg)*. Du sprichst vom Hauptmann? –

Spiegelberg. Pst doch! Pst! – Er hat so feine Ohren unter uns herumlaufen – *Hauptmann*, sagst du? wer hat ihn zum Hauptmann über uns gesetzt, oder hat er nicht diesen Titel usurpiert, der von Rechtswegen mein ist? – Wie, legen wir darum unser Leben auf Würfel – baden darum alle Milzsuchten des Schicksals aus, daß wir am Ende noch von Glück sagen, die Leibeigenen eines Sclaven zu sein? – Leibeigene, da wir Fürsten sein könnten? – Bei Gott! Razmann – das hat mir niemals gefallen.

Schweizer *(zu den andern).* Ja – du bist mir der rechte Held. – Frösche mit Steinen breit zu schmeißen – schon der Klang seiner Nase, wenn er sich schneuzte, könnte dich durch ein Nadelöhr jagen –

Spiegelberg *(zu Razmann).* Ja – und Jahre schon dicht' ich darauf: es soll anders werden. Razmann – – wenn du bist, wofür ich dich immer hielt – Razmann! man vermißt ihn – gibt ihn halb verloren – Razmann, mich däucht, seine schwarze Stunde schlägt – Wie? nicht einmal röther wirst du, da dir die Glocke zur Freiheit läutet? Hast nicht einmal so viel Muth, einen kühnen Wink zu verstehen?

Razmann. Ha, Satan! worin verstrickst du meine Seele?

Spiegelberg. Hat's gefangen? – Gut! so folge! Ich hab' mir's gemerkt, wo er hinschlich – Komm! Zwei Pistolen fehlen selten, und dann – so sind wir die Ersten, die den Säugling erdrosseln. *(Er will ihn fortreißen.)*

Schweizer *(zieht wüthend sein Messer).* Ha, Bestie! Eben recht erinnerst du mich an die böhmischen Wälder! – Warst du nicht die Memme, die anhub zu schnadern, als sie riefen: *der Feind kommt*? Ich hab' damals bei meiner Seele geflucht – Fahr hin, Meuchelmörder! *(Er sticht ihn todt.)*

Räuber *(in Bewegung).* Mordjo! Mordjo! – Schweizer – Spiegelberg – Reißt sie auseinander! –

Schweizer *(wirft das Messer über ihn).* Da! – und so krepier du – Ruhig, Kameraden – Laßt euch den Bettel nicht unterbrechen – Die Bestie ist dem Hauptmann immer giftig gewesen und hat keine Narbe auf ihrer ganzen Haut – Noch einmal, gebt euch zufrieden – Ha! über den Racker – Von hinten her will er Männer zu Schanden schmeißen? Männer von hinten her! – Ist uns darum der helle Schweiß über die Backen gelaufen, daß wir aus der Welt schleichen wie Hundsfötter? Bestie du! Haben wir uns darum unter Feuer und Rauch gebettet, daß wir zuletzt wie Ratten verrecken?

Grimm. Aber zum Teufel – Kamerad – was hattet ihr mit einander? – Der Hauptmann wird rasend werden.

Schweizer. Dafür laß mich sorgen – Und du, Heilloser *(zu Razmann)*, du warst sein Helfershelfer, du! – Pack dich aus meinen Augen – der Schufterle hat's auch so gemacht; aber dafür hängt er jetzt auch in der Schweiz, wie's ihm mein Hauptmann prophezeit hat – *(Man schießt.)*

Schwarz *(aufspringend)*. Horch, ein Pistolenschuß! *(Man schießt wieder.)* Noch einer! Holla! der Hauptmann!

Grimm. Nur Geduld! Er muß zum drittenmal schießen! *(Man hört noch einen Schuß.)*

Schwarz. Er ist's! – ist's – Salvier dich, Schweizer – laß uns ihm antworten! *(Sie schießen.)*

***Moor. Kosinsky** treten auf.*

Schweizer *(ihnen entgegen)*. Sei willkommen, mein Hauptmann – Ich bin ein Bischen vorlaut gewesen, seit du weg bist. *(Er führt ihn an die Leiche.)* Sei du Richter zwischen mir und Diesem – *von hinten* hat er dich ermorden wollen.

Räuber *(mit Bestürzung)*. Was? den Hauptmann?

Moor *(in den Anblick versunken, bricht heftig aus)*. O unbegreiflicher Finger der rachekundigen Nemesis! – War's nicht Dieser, der mir das Sirenenlied trillerte? – Weihe dieses Messer der dunklen Vergelterin! Das hast *du* nicht gethan, Schweizer.

Schweizer. Bei Gott! ich hab's wahrlich gethan, und es ist beim Teufel nicht das Schlechtste, was ich in meinem Leben gethan habe. *(Geht unwillig ab.)*

Moor *(nachdenkend)*. Ich verstehe – Lenker im Himmel – ich verstehe – die Blätter fallen von den Bäumen – und mein Herbst ist kommen – Schafft mir Diesen aus den Augen! *(Spiegelbergs Leiche wird hinweggetragen.)*

Grimm. Gib uns Ordre, Hauptmann – was sollen wir weiter thun?

Moor. Bald – bald ist Alles erfüllet – Gebt mir meine Laute – Ich habe mich selbst verloren, seit ich dort war – Mein Laute, sag' ich – ich muß mich zurücklullen in meine Kraft – verlaßt mich!

Räuber. Es ist Mitternacht, Hauptmann.

Moor. Doch waren's nur die Thränen im Schauspielhaus – den Römergesang muß ich hören, daß mein schlafender Genius wieder aufwacht – meine Laute her – Mitternacht, sagt ihr?

Schwarz. Wohl bald vorüber. Wie Blei liegt der Schlaf in uns. Seit drei Tagen kein Auge zu.

Moor. Sinkt denn der balsamische Schlaf auch auf die Augen der Schelmen? Warum fliehet er mich? Ich bin nie ein Feiger gewesen, oder ein schlechter Kerl – Legt euch schlafen – Morgen am Tag gehen wir weiter.

Räuber. Gute Nacht, Hauptmann. *(Sie lagern sich auf der Erde und schlafen ein.)*

Tiefe Stille.

***Moor** nimmt die Laute und spielt.*

Brutus.

Sei willkommen, friedliches Gefilde,
Nimm den Letzten aller Römer auf!
Von Philippi, wo die Mordschlacht brüllte,
Schleicht mein gramgebeugter Lauf.
Cassius, wo bist du? – Rom verloren!
Hingewürgt mein brüderliches Heer,
Meine Zuflucht zu des Todes Thoren!
Keine Welt für Brutus mehr.

Cäsar.

Wer, mit Schritten eines Nichtbesiegten,
Wandert dort vom Felsenhang? –
Ha! wenn meine Augen mir nicht lügten,
Das ist eines Römers Gang. –
Tibersohn – von wannen deine Reise?
Dauert noch die Siebenhügelstadt?
Oft geweinet hab' ich um die Waise,
Daß sie nimmer einen Cäsar hat.

Brutus.

Ha! du mit der dreiundzwanzigfachen Wunde!
Wer rief, Todter, dich ans Licht?
Schaudre rückwärts zu des Orcus Schlunde,
Stolzer Weiner! – Triumphiere nicht!
Auf Philippis eisernem Altare
Raucht der Freiheit letztes Opferblut;
Rom verröchelt über Brutus' Bahre,
Brutus geht zu Minos – Kreuch in deine Fluth!

Cäsar.

O ein Todesstoß von Brutus' Schwerte!
Auch du – Brutus – du?
Sohn – es war dein Vater – Sohn – die Erde
Wär' gefallen dir als Erbe zu!
Geh – du bist der größte Römer worden,
Da in Vaters Brust dein Eisen drang.
Geh – und heul' es bis zu jenen Pforten:
Brutus ist der größte Römer worden,
Da in Vaters Brust sein Eisen drang,
Geh – du weißt nun, was an Lethes Strande
Mich noch bannte –
Schwarzer Schiffer, stoß vom Lande!

Brutus.

Vater, halt! – Im ganzen Sonnenreiche
Hab' ich einen nur gekannt,
Der dem großen Cäsar gleiche;
Diesen Einen hast Du Sohn genannt.
Nur ein Cäsar mochte Rom verderben,
Nur nicht Brutus mochte Cäsar stehn.
Brutus will Tyrannengut nicht erben;
Wo ein Brutus lebt, muß Cäsar sterben;
Geh du linkwärts, laß mich rechtwärts gehn.

(Er legt die Laute hin, geht tiefdenkend auf und nieder.)

Wer mir Bürge wäre? – – es ist Alles so finster – verworrene Labyrinthe – kein Ausgang – kein leitendes Gestirn – wenn's *aus* wäre mit diesem letzten Odemzug – *Aus*, wie ein schales Marionettenspiel – Aber wofür der heiße *Hunger* nach *Glückseligkeit*? Wofür das Ideal einer *unerreichten* Vollkommenheit? Das *Hinausschieben* unvollendeter Plane? – Wenn der armselige Druck dieses armseligen Dings *(die Pistole vors Gesicht haltend)* den Weisen dem Thoren – den Feigen dem Tapfern – den Edlen dem Schelmen gleichmachte? – Es ist doch eine so göttliche Harmonie in der seelenlosen Natur, warum sollte dieser Mißklang in der vernünftigen sein? – Nein, nein! es ist etwas mehr, denn ich bin noch nicht glücklich gewesen.

Glaubt ihr, ich werde zittern? Geister meiner Erwürgten! ich werde nicht zittern. *(Heftig zitternd.)* – Euer banges Sterbegewinsel – euer schwarzgewürgtes Gesicht – eure fürchterlich klaffenden Wunden sind ja nur Glieder einer unzerbrechlichen Kette des Schicksals und hängen zuletzt an meinen Feierabenden, an den Launen meiner Ammen und Hofmeister, am Temperament meines Vaters, am Blut meiner Mutter – *(Von Schauer geschüttelt.)* Warum hat mein Perillus einen Ochsen aus mir gemacht, daß die Menschheit in meinem glühenden Bauche bratet?

(Er setzt die Pistole an.) *Zeit* und *Ewigkeit* – gekettet an einander durch ein einzig Moment! – Grauser Schlüssel, der das Gefängniß des Lebens

hinter mir schließt und vor mir aufriegelt die Behausung der ewigen Nacht – sage mir – o sage mir – *wohin* – *wohin* wirst du mich führen? – Fremdes, nie umsegeltes Land! – Siehe, die Menschheit erschlappt unter *diesem* Bilde, die Spannkraft des Endlichen läßt nach, und die Phantasie, der muthwillige Affe der Sinne, gaukelt unserer Leichtgläubigkeit seltsame Schatten vor – Nein! nein! Ein Mann muß nicht straucheln – Sei, wie du willst, *namenloses Jenseits* – bleibt mir nur dieses mein *Selbst* getreu – Sei, wie du willst, wenn ich nur mich *selbst* mit hinübernehme – Außendinge sind nur der Anstrich des Manns – *Ich* bin mein Himmel und meine Hölle.

Wenn du mir irgend einen eingeäscherten Weltkreis *allein* ließest, den du aus deinen Augen verbannt hast, wo die einsame Nacht und die ewige Wüste meine Aussichten sind? – Ich würde dann die schweigende Öde mit meinen Phantasieen bevölkern und hätte die Ewigkeit zur Muße, das verworrene Bild des allgemeinen Elends zu zergliedern. – Oder willst du mich durch immer neue Geburten und immer neue Schauplätze des Elends von Stufe zu Stufe – zur Vernichtung – führen? Kann ich nicht die Lebensfäden, die mir jenseits gewoben sind, so leicht zerreißen, wie diesen? – Du kannst mich zu nichts machen – Diese Freiheit kannst du mir nicht nehmen. *(Er lädt die Pistole. Plötzlich hält er inne.)* Und soll ich vor Furcht eines qualvollen Lebens sterben? – Soll ich dem Elend den Sieg über mich einräumen? – Nein, ich will's dulden. *(Er wirft die Pistole weg.)* Die Qual erlahme an meinem Stolz! Ich will's vollenden. *(Es wird immer finsterer.)*

Hermann, *der durch den Wald kommt.*

Horch, horch! grausig heulet der Kauz – zwölf schlägt's drüben im Dorf – Wohl, wohl – das Bubenstück schläft – in dieser Wilde kein Lauscher. *(Tritt an das Schloß und pocht.)* Komm herauf, Jammermann, Thurmbewohner! – Deine Mahlzeit ist bereitet.

Moor *(sachte zurücktretend)*. Was soll das bedeuten?

Eine Stimme *(aus dem Schloß)*. Wer pocht da? Bist du's, Hermann, mein Rabe?

Hermann. Bin's, Hermann, dein Rabe. Steig herauf ans Gitter und iß. *(Eulen schreien.)* Fürchterlich trillern deine Schlafkameraden, Alter – dir schmeckt?

Die Stimme. Hungerte mich sehr. Habe Dank, Rabensender, fürs Brod in der Wüste! – Und wie geht's meinem lieben Kind, Hermann?

Hermann. Stille – Horch – Geräusche wie von Schnarchenden! Hörst du nicht was?

Stimme. Wie? Hörst *du* etwas?

Hermann. Den seufzenden Windlaut durch die Ritzen des Thurms – eine Nachtmusik, davon Einem die Zähne klappern und die Nägel blau werden – Horch, noch einmal – Immer ist mir, als hört' ich ein Schnarchen. – Du hast Gesellschaft, Alter – Huhuhu!

Stimme. Siehst du etwas?

Hermann. Leb wohl – leb wohl – Grausig ist diese Stätte – Steig ab ins Loch – droben dein Helfer, dein Rächer – Verfluchter Sohn! – *(Will fliehen.)*

Moor *(mit Entsetzen hervortretend)*. Steh!

Hermann *(schreiend)*. Oh mir!

Moor. Steh, sag' ich!

Hermann. Weh! weh! weh! Nun ist alles verrathen!

Moor. Steh! Rede! Wer bist du? was hast du hier zu thun? Rede!

Hermann. Erbarmen, o Erbarmen, gestrenger Herr! – Nur ein Wort höret an, eh Ihr mich umbringt.

Moor *(indem er den Degen zieht)*. Was werd' ich hören?

Hermann. Wohl habt Ihr mir's beim Leben verboten – ich konnt' nicht anders – durft' nicht anders – im Himmel ein Gott – Euer leiblicher Vater dort –- mich jammerte sein – Stecht mich nieder!

Moor. Hier steckt ein Geheimniß – Heraus! Sprich! Ich will Alles wissen.

Die Stimme *(aus dem Schloß)*. Weh! Weh! Bist du's, Hermann, der da redet? Mit wem redst du, Hermann?

Moor. Drunten noch Jemand – Was geht hier vor? *(Läuft dem Thurme zu.)* Ist's ein Gefangener, den die Menschen abschüttelten? – Ich will seine Ketten lösen. – Stimme! noch einmal! wo ist die Thüre?

Hermann. O habt Barmherzigkeit, Herr – dringt nicht weiter, Herr – geht aus Erbarmen vorüber! *(Verrennt ihm den Weg.)*

Moor. Vierfach geschlossen! Weg da – Es muß heraus – Jetzt *zum erstenmal* komm mir zu Hilfe, *Dieberei!*

(Er nimmt Brechinstrumente und öffnet das Gitterthor. Aus dem Grunde steigt ein Alter, ausgemergelt wie ein Gerippe.)

Der Alte. Erbarmen einem Elenden! Erbarmen!

Moor *(springt erschrocken zurück)*. Das ist *meines Vaters* Stimme!

D. a. Moor. Habe Dank, o Gott! Erschienen ist die Stunde der Erlösung.

Moor. Geist des alten Moors! was hat dich beunruhigt in deinem Grab? Hast du eine Sünde in jene Welt geschleppt, die dir den Eingang in die Pforten des Paradieses verrammelt? Ich will Messen lesen lassen, den irrenden Geist in seine Heimath zu senden. Hast du das Gold der Wittwen und Waisen unter die Erde vergraben, das dich zu dieser mitternächtlichen Stunde heulend herumtreibt? Ich will den unterirdischen Schatz aus den Klauen des Zauberdrachen reißen, und wenn er tausend rothe Flammen auf mich speit und seine spitzen Zähne gegen meinen Degen bleckt, – oder kommst du, auf meine Fragen die Räthsel der Ewigkeit zu entfalten? Rede, rede! ich bin der Mann der bleichen Furcht nicht.

D. a. Moor. Ich bin kein Geist. Taste mich an, ich lebe, oh ein elendes, erbärmliches Leben!

Moor. Was? du bist nicht begraben worden?

D. a. Moor. Ich bin begraben worden – das heißt: ein todter Hund liegt in meiner Väter Gruft; und ich – drei volle Monde schmacht' ich schon in diesem finstern unterirdischen Gewölbe, von keinem Strahle beschienen, von keinem warmen Lüftchen angeweht, von keinem Freunde besucht, wo wilde Raben krächzen und mitternächtliche Uhus heulen. –

Moor. Himmel und Erde! Wer hat Das gethan?

D. a. Moor. Verfluch' ihn nicht! – Das hat mein Sohn Franz gethan.

Moor. Franz? Franz? Oh ewiges Chaos!

D. a. Moor. Wenn du ein Mensch bist und ein menschliches Herz hast, Erlöser, den ich nicht kenne, o so höre den Jammer eines Vaters, den ihm seine Söhne bereitet haben – drei Monden schon hab' ich's tauben Felsenwänden zugewinselt, aber ein hohler Widerhall äffte meine Klagen nur nach. Darum, wenn du ein Mensch bist und ein menschliches Herz hast –

Moor. Diese Aufforderung könnte die wilden Bestien aus ihren Löchern hervorrufen.

D. a. Moor. Ich lag eben auf dem Siechbett, hatte kaum angefangen, aus einer schweren Krankheit etwas Kräfte zu sammeln, so führte man einen Mann zu mir, der vorgab, mein Erstgeborener sei gestorben in der Schlacht, und mit sich brachte ein Schwert, gefärbt mit seinem Blut, und sein letztes Lebewohl, und daß ihn mein Fluch gejagt hätte in Kampf und Tod und Verzweiflung.

Moor *(heftig von ihm abgewandt)*. Es ist offenbar!

D. a. Moor. Höre weiter! ich ward ohnmächtig bei der Botschaft. Man muß mich für todt gehalten haben, denn als ich wieder zu mir selber kam, lag ich schon in der Bahre, und ins Leichentuch gewickelt wie ein Todter. Ich kratzte an dem Deckel der Bahre. Er ward aufgethan. Es war finstere Nacht, mein Sohn Franz stand vor mir. – Was? rief er mit entsetzlicher Stimme, willst du denn ewig leben? – und gleich flog der Sargdeckel wieder zu. Der Donner dieser Worte hatte mich meiner Sinne beraubt; als ich wieder erwachte, fühlt' ich den Sarg erhoben und fortgeführt in einem Wagen eine halbe Stunde lang. Endlich ward er geöffnet – ich stand am Eingang dieses Gewölbes, mein Sohn vor mir, und der Mann, der mir das blutige Schwert von Karln gebracht hatte – zehnmal umfaßt' ich seine Kniee und bat und flehte, und umfaßte sie und beschwur – das Flehen seines Vaters reichte nicht an sein Herz – Hinab mit dem Balg! donnerte es von seinem Munde, er hat genug gelebt, und hinab ward ich gestoßen ohn' Erbarmen, und mein Sohn Franz schloß hinter mir zu.

Moor. Es ist nicht möglich, nicht möglich! Ihr müßt Euch geirrt haben.

D. a. Moor. Ich kann nicht geirrt haben. Höre weiter, aber zürne doch nicht! So lag ich zwanzig Stunden, und kein Mensch gedachte meiner Noth. Auch hat keines Menschen Fußtritt je diese Einöde betreten, denn die allgemeine Sage geht, daß die Gespenster meiner Väter in diesen Ruinen rasselnde Ketten schleifen und in mitternächtlicher Stunde ihr Todtenlied raunen. Endlich hörte ich die Thüre wieder aufgehen, dieser Mann brachte mir Brod und Wasser und entdeckte mir, wie ich zum Tod des Hungers verurtheilt gewesen, und wie er sein Leben in Gefahr setze, wenn es herauskäm', daß er mich speise. So ward ich kümmerlich erhalten diese lange Zeit, aber der unaufhörliche Frost – die faule Luft meines Unraths – der grenzenlose Kummer – meine Kräfte wichen, mein Leib schwand; tausendmal bat ich Gott mit Thränen um den Tod, aber das Maß meiner Strafe muß noch nicht gefüllet sein – oder muß noch irgend eine Freude meiner warten, daß ich so wunderbarlich erhalten bin. Aber ich leide gerecht – mein Karl! mein Karl! – und er hatte noch keine grauen Haare.

Moor. Es ist genug. Auf! Ihr Klötze, ihr Eisklumpen! ihr trägen, fühllosen Schläfer! Auf! will Keiner erwachen? *(Er thut eine Pistolschuß über die schlafenden Räuber.)*

Die Räuber *(aufgejagt)*. He, holla! holla! was gibt's da?

Moor. Hat euch die Geschichte nicht aus dem Schlummer gerüttelt? der ewige Schlaf würde wach worden sein! Schaut her, schaut her! die Gesetze der Welt sind Würfelspiel worden, das Band der Natur ist entzwei, die alte Zwietracht ist los, der Sohn hat seinen Vater erschlagen.

Die Räuber. Was sagt der Hauptmann?

Moor. Nein, nicht erschlagen! das Wort ist Beschönigung! – der Sohn hat den Vater tausendmal gerädert, gespießt, gefoltert, geschunden! die Worte sind mir zu menschlich – worüber die Sünde roth wird, worüber der Kannibale schaudert, worauf seit Äonen kein Teufel gekommen ist. – Der Sohn hat seinen eigenen Vater – oh seht her, seht her, er ist in Ohnmacht gesunken, – in dieses Gewölbe hat der Sohn seinen Vater – Frost, – Blöße, – Hunger, – Durst – oh seht doch, seht doch! – es ist mein eigner Vater, ich will's nur gestehn.

Die Räuber *(springen herbei und umringen den Alten)*. Dein Vater? dein Vater?

Schweizer *(tritt ehrerbietig näher, fällt vor ihm nieder)*. Vater meines Hauptmanns! Ich küsse dir die Füße! du hast über meinen Dolch zu befehlen.

Moor. Rache, Rache, Rache dir! grimmig beleidigter, entheiligter Greis! So zerreiß' ich von nun an auf ewig das brüderliche Band. *(Er zerreißt sein Kleid von oben bis unten.)* So verfluch' ich jeden Tropfen brüderlichen Bluts im Antlitz des offenen Himmels! Höre mich, Mond und Gestirne! Höre mich, mitternächtlicher Himmel, der du auf die Schandthat herunterblicktest! Höre mich, dreimal schrecklicher Gott, der da oben über dem Monde waltet, und rächt und verdammt über den Sternen, und feuerflammt über der Nacht! Hier knie' ich – hier streck' ich empor die drei Finger in die Schauer der Nacht – hier schwör' ich, und so speie die Natur mich aus ihren Grenzen wie eine bösartige Bestie aus, wenn ich diesen Schwur verletze, schwör' ich, das Licht des Tages nicht mehr zu grüßen, bis des Vatermörders Blut, vor diesem Steine verschüttet, gegen die Sonne dampft. *(Er steht auf.)*

Die Räuber. Es ist ein Belialsstreich! Sag' Einer, wir seinen Schelmen! Nein, bei allen Drachen! so bunt haben wir's nie gemacht.

Moor. Ja, und bei allen schrecklichen Seufzern derer, die jemals durch eure Dolche sturben, Derer, die meine Flamme fraß und mein fallender Thurm zermalmte, – eh' soll kein Gedanke von Mord oder Raub Platz finden in eurer Brust, bis euer aller Kleider von des Verruchten Blut scharlachroth gezeichnet sind – das hat euch wohl niemals geträumt, daß ihr der Arm höherer Majestäten seid? Der verworrene Knäul unsers Schicksals ist aufgelöst! Heute, heute hat eine unsichtbare Macht unser Handwerk geadelt! Betet an vor Dem, der euch dies erhabene Loos gesprochen, der euch hieher geführt, der euch gewürdiget hat, die schrecklichen Engel seines finstern Gerichtes zu sein! Entblößet eure Häupter! Knieet hin in den Staub und stehet geheiliget auf! *(Sie knieen.)*

Schweizer. Gebeut, Hauptmann! was sollen wir thun?

Moor. Steh auf, Schweizer, und rühre diese heiligen Locken an! *(Er führt ihn zu seinem Vater und gibt ihm eine Locke in die Hand.)* Du weißt noch, wie du einsmals jenem böhmischen Reiter den Kopf spaltetest, da er eben den Säbel über mich zuckte und ich athemlos und erschöpft von der Arbeit in die Kniee gesunken war? dazumal verhieß ich dir eine Belohnung, die königlich wäre; ich konnte diese Schuld bisher niemals bezahlen –

Schweizer. Das schwurst du mir, es ist wahr, aber laß mich dich ewig meinen Schuldner nennen!

Moor. Nein, jetzt will ich bezahlen. Schweizer, so ist noch kein Sterblicher geehrt worden, wie du! – Räche meinen Vater! *(Schweizer steht auf.)*

Schweizer. Großer Hauptmann! heut hast du mich zum erstenmal stolz gemacht! – Gebeut, wo, wie, wann soll ich ihn schlagen?

Moor. Die Minuten sind geweiht, du mußt eilends gehn – Lies dir die Würdigsten aus der Bande und führe sie gerade nach des Edelmanns Schloß! Zerr' ihn aus dem Bette, wenn er schläft oder in den Armen der Wollust liegt, schlepp' ihn vom Mahle weg, wenn er besoffen ist, reiß ihn vom Crucifix, wenn er betend vor ihm auf den Knieen liegt! Aber ich sage dir, ich schärf' es dir hart ein, liefr' ihn mir nicht todt! Dessen Fleisch will ich in Stücken reißen und hungrigen Geiern zur Speise geben, der ihm nur die Haut ritzt oder ein Haar kränkt! Ganz muß ich ihn haben, und wenn du ihn ganz und lebendig bringst, so sollst du eine Million zur Belohnung haben, ich will sie einem Könige mit Gefahr meines Lebens stehlen, und du sollst frei ausgehn wie die weite Luft – Hast du mich verstanden, so eile davon!

Schweizer. Genug, Hauptmann! – hier hast du meine Hand darauf: Entweder du siehst Zwei zurückkommen, oder gar Keinen. Schweizers Würgengel, kommt! *(Ab mit einem Geschwader.)*

Moor. Ihr übrigen zerstreut euch im Wald – ich bleibe.

Fünfter Akt

Erste Scene

Aussicht von vielen Zimmern. Finstere Nacht

***Daniel** kommt mit einer Laterne und einem Reisebündel.*

Lebe wohl, theures Mutterhaus – Hab' so manch Guths und Liebs in die genossen, da der Herr seliger noch lebete – Thränen auf deine Gebeine, du lange Verfaulter! Das verlangt er von einem alten Knecht – es war das Obdach der Waisen und der Port der Verlassenen, und dieser Sohn hat's gemacht zur Mördergrube – Lebe wohl, du guter Boden! wie oft hat der alte Daniel dich abgefegt – Lebe wohl, du lieber Ofen, der alte Daniel nimmt schwer Abschied von dir – es war dir Alles so vertraut worden – wird dir weh thun, alter Elieser – aber Gott bewahre mich in Gnaden vor dem Trug und List des Argen – Leer kam ich hieher – leer zieh' ich wieder hin – aber meine Seele ist gerettet. *(Wie er gehen will, kömmt)*

***Franz** im Schlafrock hereingestürzt.*

Daniel. Gott steh mir bei! mein Herr! *(Löscht die Laterne aus.)*

Franz. Verrathen! Verrathen! Geister ausgespieen aus Gräbern – Losgerüttelt das Todtenreich aus dem ewigen Schlaf brüllt wider mich: *Mörder! Mörder!* – Wer regt sich da?

Daniel *(ängstlich).* Hilf, heilige Mutter Gottes! seid Ihr's, gestrenger Herre, der so gräßlich durch die Gewölbe schreit, daß alle Schläfer auffahren?

Franz. Schläfer? Wer heißt euch schlafen? Fort, zünde Licht an! *(Daniel ab, es kommt ein andrer Bedienter.)* Es soll Niemand schlafen in dieser Stunde. Hörst du? Alles soll auf sein – in Waffen – alle Gewehre geladen – Sahst du sie dort den Bogengang hinschweben?

Bedienter. Wen, gnädiger Herr?

Franz. Wen, Dummkopf, wen? So kalt, so leer fragst du, wen? hat mich's doch angepackt wie der Schwindel? Wen, Eselskopf, wen? Geister und Teufel! Wie weit ist's in der Nacht?

Bedienter. Eben jetzt ruft der Nachtwächter Zwei an.

Franz. Was? will diese Nacht währen bis an den jüngsten Tag? Hörtest du keinen Tumult in der Nähe? kein Siegsgeschrei? kein Geräusch galoppierender Pferde? Wo ist Kar – der Graf, will ich sagen?

Bedienter. Ich weiß nicht, mein Gebieter.

Franz. Du weißt's nicht? Du bist auch unter der Rotte? Ich will dir das Herz aus den Rippen stampfen! Mit deinem verfluchten: Ich weiß nicht! Fort, hole den Pastor!

Bedienter. Gnädiger Herr!

Franz. Murrst du? zögerst du? *(Erster Bedienter eilend ab.)* Was? auch Bettler wider mich verschworen? Himmel, Hölle! Alles wider mich verschworen?

Daniel *(kommt mit dem Licht).* Mein Gebieter –

Franz. Nein! ich zittere nicht! es war ledig ein Traum. Die Todten stehen noch nicht auf – Wer sagt, daß ich zittere und bleich bin? Es ist mir ja so leicht, so wohl.

Daniel. Ihr seid todtenbleich, Eure Stimme ist bang und lallet.

Franz. Ich habe das Fieber. Sage du nur, wenn der Pastor kommt, ich habe das Fieber. Ich will morgen zur Ader lassen, sage dem Pastor.

Daniel. Befehlt Ihr, daß ich Euch Lebensbalsam auf Zucker tröpfle?

Franz. Tröpfle mit auf Zucker! der Pastor wird nicht sogleich da sein. Meine Stimme ist bang und lallet, gib Lebensbalsam auf Zucker!

Daniel. Gebt mir erst die Schlüssel, ich will drunten holen im Schrank –

Franz. Nein, nein, nein! Bleib! oder ich will mit dir gehn. Du siehst, ich kann nicht allein sein! wie leicht könnt' ich, du siehst ja – ohnmächtig – wenn ich allein bin. Laß nur, laß nur! Es wird vorübergehen, du bleibst.

Daniel. Oh, Ihr seid *ernstlich* krank.

Franz. Ja freilich, freilich! Das ist's Alles. – Und Krankheit verstöret das Gehirn und brütet tolle und wunderliche Träume aus – Träume bedeuten nichts – Nicht wahr, Daniel? Träume kommen ja aus dem Bauch, und Träume bedeuten nichts – ich hatte so eben einen lustigen Traum. *(Er sinkt ohnmächtig nieder.)*

Daniel. Jesus Christus! was ist das? Georg! Konrad! Bastian! Martin! so gebt doch nur eine Urkund von Euch! *(Rüttelt ihn.)* Maria, Magdalena und Joseph! so nehmt doch nur Vernunft an! So wird's heißen, ich hab' ihn todt gemacht! Gott erbarme sich meiner!

Franz *(verwirrt)*. Weg – weg! was rüttelst du mich so, scheußliches Todtengerippe – die Todten stehen noch nicht auf –

Daniel. O du ewige Güte! Er hat den Verstand verloren.

Franz *(richtet sich matt auf)*. Wo bin ich? – du, Daniel? was hab' ich gesagt? merke nicht drauf! ich hab' eine Lüge gesagt, es sei, was es wolle

– komm! hilf mir auf! – es ist nur ein Anstoß von Schwindel – weil ich – weil ich – nicht ausgeschlafen habe.

Daniel. Wär' nur der Johann da! ich will Hilfe rufen, ich will nach Ärzten rufen.

Franz. Bleib! setz dich neben mich auf diesen Sopha – so – du bist ein gescheiter Mann, ein guter Mann. Laß dir erzählen.

Daniel. Jetzt nicht, ein andermal! Ich will Euch zu Bette bringen, Ruhe ist Euch besser.

Franz. Nein, ich bitte dich, laß dir erzählen und lache mich derb aus! – Siehe, mir dauchte, ich hätte ein königlich Mahl gehalten, und mein Herz wär' guter Dinge, und ich läge berauscht im Rasen des Schloßgartens, und plötzlich – es war zur Stunde des Mittags – plötzlich, aber ich sage dir, lache mich derb aus! –

Daniel. Plötzlich?

Franz. Plötzlich traf ein ungeheurer Donner mein schlummerndes Ohr; ich taumelte bebend auf, und siehe, da war mir's, als säh' ich aufflammen den ganzen Horizont in feuriger Lohe, und Berge und Städte und Wälder wie Wachs im Ofen zerschmolzen, und eine heulende Windsbraut fegte von hinnen Meer, Himmel und Erde – da erscholl's wie aus ehernen Posaunen:; Erde, gib deine Todten; gib deine Todten, Meer! Und das nackte Gefild begonn zu kreißen und aufzuwerfen Schädel und Rippen und Kinnbacken und Beine, die sich zusammenzogen in menschliche Leiber und daherströmten unübersehlich, ein lebendiger Sturm. Damals sah ich aufwärts, und siehe, ich stand am Fuß des donnernden Sina, und über mir Gewimmel und unter mir, und oben auf der Höhe des Bergs auf drei rauchenden Stühlen drei Männer, vor deren Blick flohe die Creatur –

Daniel. Das ist ja das leibhafte Conterfei vom jüngsten Tage.

Franz. Nicht wahr, das ist ein tolles Gezeuge? Da trat hervor Einer, anzusehen wie die Sternennacht, der hatte in seiner Hand einen eisernen Siegelring, den hielt er zwischen Aufgang und Niedergang und sprach:

Ewig, heilig, gerecht, unverfälschbar! Es ist nur *eine* Wahrheit, es ist nur *eine* Tugend! Wehe, wehe, wehe dem zweifelnden Wurme! – Da trat hervor ein Zweiter, der hatte in seiner Hand einen blitzenden Spiegel, den hielt er zwischen Aufgang und Niedergang und sprach: Dieser Spiegel ist Wahrheit; Heuchelei und Larven bestehen nicht – Da erschrak ich und alles Volk, denn wir sahen Schlangen- und Tiger- und Leopardengesichter zurückgeworfen aus dem entsetzlichen Spiegel. – Da trat hervor ein Dritter, der hatte in seiner Hand eine eherne Wage, die hielt er zwischen Aufgang und Niedergang und sprach: Tretet herzu, ihr Kinder von Adam – ich wäge die Gedanken in der Schale meines Zornes und die Werke mit dem Gewicht meines Grimms! –

Daniel. Gott erbarme sich meiner!

Franz. Schneebleich stunden Alle, ängstlich klopfte die Erwartung in jeglicher Brust. Da war mir's, als hört' ich meinen Namen zuerst genannt aus den Wettern des Berges, und mein innerstes Mark gefror in mir, und meine Zähne klapperten laut. Schnell begonn die Wage zu klingen, zu donnern der Fels, und die Stunden zogen vorüber, eine nach der andern an der links hangenden Schale, und eine nach der andern warf eine *Todsünde* hinein –

Daniel. Oh, Gott vergeb' Euch!

Franz. Das that er nicht! – Die Schale wuchs zu einem Gebirge, aber die andere, voll vom Blut der Versöhnung, hielt sie noch immer hoch in den Lüften – Zuletzt kam ein alter Mann, schwer gebeuget von Gram, angebissen den Arm von wüthendem Hunger, aller Augen wandten sich scheu vor dem Mann, ich kannte den Mann, er schnitt eine Locke von seinem silbernen Haupthaar, warf sie hinein in die Schale der Sünden, und siehe, sie sank, sank plötzlich zum Abgrund, und die Schale der Versöhnung flatterte hoch auf! – Da hört' ich eine Stimme schallen aus dem Rauche des Felsens: Gnade, Gnade jedem Sünder der Erde und des Abgrunds! du allein bist verworfen! – *(Tiefe Pause.)* Nun, warum lachst du nicht?

Daniel. Kann ich lachen, wenn mir die Haut schaudert? Träume kommen von Gott.

Franz. Pfui doch, pfui doch, sage das nicht! Heiß mich einen Narren, einen aberwitzigen, abgeschmackten Narren! Thu das, lieber Daniel, ich bitte dich drum, spotte mich tüchtig aus!

Daniel. Träume kommen von Gott. Ich will für Euch beten.

Franz. Du lügst, sag' ich – geh den Augenblick, lauf, spring, sieh, wo der Pastor bleibt, heiß ihn eilen, eilen; aber ich sage dir, du lügst.

Daniel *(im Abgehn)*. Gott sei Euch gnädig!

Franz.

Pöbelweisheit, Pöbelfurcht! – Es ist ja noch nicht ausgemacht, ob das Vergangene nicht vergangen ist, oder ein Auge findet über den Sternen – Hum, hum! wer raunte mir das ein? Rächet denn droben über den Sternen Einer? – Nein, nein! Ja, ja! Fürchterlich zischelt's um mich: Richtet droben Einer über den Sternen! Entgegengehen dem Rächer über den Sternen diese Nacht noch! Nein, sag' ich – Elender Schlupfwinkel, hinter den sich deine Feigheit verstecken will – öd, einsam, taub ist's droben über den Sternen – Wenn's aber doch etwas mehr wäre? Nein, nein, es ist nicht! Ich befehle, es ist nicht! Wenn's aber doch wäre? Weh dir, wenn's nachgezählt worden wäre! wenn's dir vorgezählt würde diese Nacht noch! – Warum schaudert mir so durch die Knochen? – *Sterben!* warum packt mich das Wort so? Rechenschaft geben dem Rächer droben über den Sternen – und wenn er gerecht ist, Waisen und Wittwen, Unterdrückte, Geplagte heulen zu ihm auf, und wenn er gerecht ist? – warum haben sie gelitten, warum hast du über sie triumphiert? –

***Pastor Moser** tritt auf.*

Moser. Ihr ließt mich holen, gnädiger Herr. Ich erstaune. Das erstemal in meinem Leben! Habt Ihr im Sinn, über die Religion zu spotten, oder fangt Ihr an, vor ihr zu zittern?

Franz. Spotten oder zittern, je nachdem du mir antwortest. – Höre, Moser, ich will dir zeigen, daß du ein Narr bist, oder die Welt fürn Narren halten willst, und du sollst mir antworten. Hörst du? Auf dein Leben sollst du mir antworten.

Moser. Ihr fordert einen Höheren vor Euren Richterstuhl. Der Höhere wird Euch dermaleins antworten.

Franz. Jetzt will ich's wissen, jetzt diesen Augenblick, damit ich nicht die schändliche Thorheit begehe und im Drange der Noth den Götzen des Pöbels anrufe. Ich hab's dir oft mit Hohnlachen beim Burgunder zugesoffen: Es ist kein Gott! – Jetzt red' ich im Ernste mir dir, ich sage dir: Es ist keiner! Du sollst mich mit allen Waffen widerlegen, die du in deiner Gewalt hast, aber ich blase sie weg mit dem Hauch meines Mundes.

Moser. Wenn du auch eben so leicht den Donner wegblasen könntest, der mit zehntausendfachem Centnergewicht auf deine stolze Seele fallen wird! Dieser allwissende Gott, den du Thor und Bösewicht mitten aus seiner Schöpfung zernichtest, braucht sich nicht durch den Mund des Staubes zu rechtfertigen. Er ist eben so groß in deinen Tyranneien, als irgend in einem Lächeln der siegenden Tugend.

Franz. Ungemein gut, Pfaffe! So gefällst du mir.

Moser. Ich stehe hier in den Angelegenheiten eines größeren Herrn und rede mit einem, der ein Wurm ist, wie ich, dem ich nicht gefallen will. Freilich müßt' ich Wunder thun können, wenn ich deiner halsstarrigen Bosheit das Geständniß abzwingen könnte; – aber wenn deine Überzeugung so fest ist, warum ließest du mich rufen? Sage mir doch, warum ließest du mich in der Mitternacht rufen?

Franz. Weil ich lange Weile hab' und eben am Schachbrett keinen Geschmack finde. Ich will mir einen Spaß machen, mich mit Pfaffen herumzubeißen. Mit dem leeren Schrecken wirst du meinen Muth nicht entmannen. Ich weiß wohl, daß Derjenige auf Ewigkeit hofft, der hier zu kurz gekommen ist; aber er wird garstig betrogen. Ich hab's immer gelesen, daß unser Wesen nichts ist, als Sprung des Geblüts, und mit dem letzten Blutstropfen zerrinnt auch Geist und Gedanke. Er macht alle Schwachheiten des Körpers mit, wird er nicht auch aufhören bei seiner Zerstörung? nicht bei seiner Fäulung verdampfen? Laß einen Wassertropfen in deinem Gehirne verirren, und dein Leben macht eine plötzliche Pause, die zunächst an das Nichtsein grenzt, und ihre Fortdauer ist der Tod. Empfindung ist Schwingung einiger Saiten, und das zerschlagene Clavier tönet nicht mehr. Wenn ich meine sieben Schlösser schleifen lasse, wenn ich diese Venus zerschlage, so ist's Symmetrie und Schönheit *gewesen*. Siehe da! Das ist eure unsterbliche Seele!

Moser. Das ist die Philosophie Eurer Verzweiflung. Aber Euer eigenes Herz, das bei diesen Beweisen ängstlich bebend wider Eure Rippen schlägt, straft Euch Lügen. Diese Spinnweben von Systemen zerreißt das einzige Wort: Du mußt sterben! – Ich fordere Euch auf, das soll die Probe sein, wenn Ihr im Tode annoch feste steht, wenn Euch Eure Grundsätze auch da nicht im Stiche lassen, so sollt Ihr gewonnen haben; wenn Euch im Tode nur der mindeste Schauer anwandelt, weh Euch dann! Ihr habt Euch betrogen.

Franz *(verwirrt)*. Wenn mich im Tode ein Schauer anwandelt?

Moser. Ich habe wohl mehr solche Elende gesehn, die bis hieher der Wahrheit Riesentrotz boten; aber im Tode selbst flattert die Täuschung dahin. Ich will an Eurem Bette stehn, wenn Ihr sterbet – ich möchte so gar gern einen Tyrannen sehen dahinfahren – ich will dabei stehn und Euch starr ins Auge fassen, wenn der Arzt Eure kalte nasse Hand ergreift und den verloren schleichenden Puls kaum mehr finden kann und aufschaut und mit jenem schrecklichen Achselzucken zu Euch spricht: Menschliche Hilfe ist umsonst! Hütet Euch dann, o hütet Euch ja, daß Ihr da nicht ausseht wie Richard und Nero!

Franz. Nein, nein!

Moser. Auch dieses Nein wird dann zu einem heulenden Ja. – Ein inneres Tribunal, das Ihr nimmermehr durch skeptische Grübeleien bestechen könnt, wird jetzt erwachen und Gericht über Euch halten. Aber es wird ein Erwachen sein, wie des lebendig Begrabenen im Bauche des Kirchhofs;

es wird ein Unwille sein, wie des Selbstmörders, wenn er den tödtlichen Streich schon gethan hat und bereut; es wird ein Blitz sein, der die Mitternacht Eures Lebens zumal überflammt; es wird *ein* Blick sein, und wenn Ihr da noch feste steht, so sollt Ihr gewonnen haben!

Franz *(unruhig im Zimmer auf und ab gehend).* Pfaffengewäsche, Pfaffengewäsche!

Moser. Jetzt zum erstenmal werden die Schwerter einer Ewigkeit durch Eure Seele schneiden, und jetzt zum Erstenmal zu spät. – Der Gedanke *Gott* weckt einen fürchterlichen Nachbar auf, sein Name heißt *Richter.* Sehet, Moor, Ihr habt das Leben von Tausenden an der Spitze Eures Fingers, und von diesen Tausenden habt Ihr Neunhundertneunundneunzig elend gemacht. Euch fehlt zu einem Nero nur das römische Reich, und nur Peru zu einem Pizarro. Nun glaubt Ihr wohl, Gott werde es zugeben, daß ein einziger Mensch in seiner Welt wie ein Wüthrich hause und das Oberste zu unters kehre? Glaubt Ihr wohl, diese Neunhundertundneunundneunzig seien nur zum Verderben, nur zu Puppen Eures satanischen Spieles da? Oh, glaubt das nicht! Er wird jede Minute, die Ihr ihnen getödtet, jede Freude, die Ihr ihnen vergiftet, jede Vollkommenheit, die Ihr ihnen versperrt habt, von Euch fordern dereinst, und wenn Ihr darauf antwortet, Moor, so sollt Ihr gewonnen haben.

Franz. Nichts mehr, kein Wort mehr! Willst du, daß ich deinen schwarzlebrigen Grillen zu Gebote steh'?

Moser. Sehet zu, das Schicksal der Menschen steht unter sich in fürchterlich schönem Gleichgewicht. Die Wagschale dieses Lebens sinkend, wird hochsteigen in jenem, steigend in diesem, wird in jenem zu Boden fallen. Aber was hier zeitliches Leiden war, wird dort ewiger Triumph; was hier endlicher Triumph war, wird dort ewige unendliche Verzweiflung.

Franz *(wild auf ihn losgehend).* Daß dich der Donner stumm mache, Lügengeist du! Ich will dir die verfluchte Zunge aus dem Munde reißen!

Moser. Fühlt Ihr die Last der Wahrheit so früh? Ich habe ja noch nichts von Beweisen gesagt. Laßt mich nur erst zu den Beweisen –

Franz. Schweig, geh in die Hölle mit deinen Beweisen! Zernichtet wird die Seele, sag' ich dir, und sollst mir nicht darauf antworten!

Moser. Darum winseln auch die Geister des Abgrunds, aber Der im Himmel schüttelt das Haupt. Meint Ihr dem Arm des Vergelters im öden Reich des Nichts zu entlaufen? Und führet Ihr gen Himmel, so ist er da! und bettetet Ihr Euch in die Hölle, so ist er wieder da! und sprächet Ihr zu der Nacht: Verhülle mich, und zu der Finsterniß: Birg mich! so muß die Finsterniß leuchten um Euch und um den Verdammten die Mitternacht tagen – aber Euer unsterblicher Geist sträubt sich unter dem Wort und siegt über den blinden Gedanken.

Franz. Ich will aber nicht unsterblich sein – sei es, wer da will, ich will's nicht hindern. Ich will ihn zwingen, daß er mich zernichte, ich will ihn zur Wuth reizen, daß er mich in der Wuth zernichte. Sag mir, was ist die größte Sünde, und die ihn am grimmigsten aufbringt?

Moser. Ich kenne nur zwei. Aber sie werden nicht von Menschen begangen, auch ahnden sie *Menschen* nicht.

Franz. Diese zwei? –

Moser *(sehr bedeutend). Vatermord* heißt die eine, *Brudermord* die andere – Was macht Euch auf einmal so bleich?

Franz. Was, Alter? Stehst du mit dem Himmel oder mit der Hölle im Bündniß? Wer hat dir das gesagt?

Moser. Wehe Dem, der sie beide auf dem Herzen hat! Ihm wäre besser, daß er nie geboren wäre! Aber seid ruhig! Ihr habt weder Vater noch Bruder mehr!

Franz. *Ha!* – was, du kennst keine drüber? Besinne dich nochmals – Tod, Himmel, Ewigkeit, Verdammniß schwebt auf dem Laut deines Mundes – keine einzige drüber?

Moser. Keine einzige drüber.

Franz *(fällt in einen Stuhl)*. Zernichtung! Zernichtung!

Moser. Freut Euch, freut Euch doch! preist Euch doch glücklich! – Bei allen Euren Gräueln seid Ihr noch ein Heiliger gegen den Vatermörder. Der Fluch, der Euch trifft, ist gegen den, der auf diesen lauert, ein Gesang der Liebe – die Vergeltung –

Franz *(aufgesprungen)*. Geh in tausend Grüfte, du Eule! wer hieß dich hieher kommen? Geh, sag' ich, oder ich stoß' dich durch und durch!

Moser. Kann das Pfaffengewäsch so einen Philosophen in Harnisch jagen? Blast es doch weg mit dem Hauch Eures Mundes! *(Geht ab.)*

Franz *(wirft sich in seinem Sessel herum in schrecklichen Bewegungen. Tiefe Pause).*

***Ein Bedienter** eilig.*

Bedienter. Amalia ist entsprungen, der Graf ist plötzlich verschwunden.

***Daniel** kommt ängstlich.*

Daniel. Gnädiger Herr, jagt ein Trupp feuriger Reiter die Staig herab, schreien Mordjo, Mordjo – das ganze Dorf in Alarm.

Franz. Geh, laß alle Glocken zusammenläuten, Alles soll in die Kirche – auf die Kniee fallen Alles – beten für mich – alle Gefangne sollen los sein und ledig, ich will den Armen Alles doppelt und dreifach wiedergeben, ich will – so geh doch – so ruf doch den Beichtvater, deß er mir meine Sünden hinwegsegne – Bist du noch nicht fort? *(Das Getümmel wird hörbarer.)*

Daniel. Gott verzeih mir meine schwere Sünde! Wie soll ich das wieder reimen? Ihr habt ja immer das liebe Gebet über alle Häuser hinausgeworfen, habt mir so manche Postill' und Bibelbuch an den Kopf gejagt, wenn Ihr mich ob dem Beten ertapptet –

Franz. Nichts mehr davon – *Sterben!* siehst du? *Sterben!* – Es wird zu spät. *(Man hört Schweizern toben.)* Bete doch! bete!

Daniel. Ich sagt's Euch immer – Ihr verachtet das liebe Gebet so – aber gebt Acht, gebt Acht! wenn die Noth an Mann geht, wenn Euch das

Wasser an die Seele geht, Ihr werdet alle Schätze der Welt um ein christliches Seufzerlein geben – Seht Ihr's? Ihr verschimpftet mich! Da habt Ihr's nun! Seht Ihr's?

Franz *(umarmt ihn ungestüm)*. Verzeih, lieber, goldner Perlendaniel, verzeih – ich will dich kleiden von Fuß auf – so bet doch – ich will dich zum Hochzeiter machen – ich will – so bet doch – ich beschwöre dich – auf den Knieen beschwör' ich dich – Ins T---ls Namen! so bet' doch! *(Tumult auf den Straßen. Geschrei – Gepolter.)*

Schweizer *(auf der Gasse)*. Stürmt! schlagt todt! brecht ein! Ich sehe Licht, dort muß er sein.

Franz *(auf den Knieen)*. Höre mich beten, Gott im Himmel! – Es ist das Erstemal – soll auch gewiß nimmer geschehen – Erhöre mich, Gott im Himmel!

Daniel. Mein doch! Was treibt Ihr? Das ist ja gottlos gebetet.

Volksauflauf.

Volk. Diebe! Mörder! Wer lärmt so gräßlich in dieser Mitternachtsstunde?

Schweizer *(immer auf der Gasse)*. Schlag sie zurück, Kamerad – der Teufel ist's und will euren Herrn holen – Wo ist der Schwarz mit seinem Haufen? – Postier dich ums Schloß, Grimm – Lauf Sturm wider die Ringmauer!

Grimm. Holt ihr Feuerbrände – wir hinauf oder er herunter – ich will Feuer in seine Säle schmeißen.

Franz *(betet)*. Ich bin kein gemeiner Mörder gewesen, mein Herrgott! – hab mich nie mit Kleinigkeiten abgegeben, mein Herrgott –

Daniel. Gott sei uns gnädig! Auch seine Gebete werden zu Sünden. *(Es fliegen Steine und Feuerbrände. Die Scheiben fallen. Das Schloß brennt.)*

Franz. Ich kann nicht beten – hier, hier! *(Auf Brust und Stirn schlagend.)* Alles so öd – so verdorret. *(Steht auf.)* Nein, ich will auch nicht beten – diesen Sieg soll der Himmel nicht haben, diesen Spott mir nicht anthun die Hölle –

Daniel. Jesus Maria! helft – rettet – das ganze Schloß steht in Flammen!

Franz. Hier, nimm diesen Degen. Hurtig! Jag mir ihn hinterrücks in den Bauch, daß nicht diese Buben kommen und treiben ihren Spott aus mir. *(Das Feuer nimmt überhand.)*

Daniel. Bewahre! Bewahre! Ich mag Niemand zu früh in den Himmel fördern, viel weniger zu früh – *(Er entrinnt.)*

Franz *(ihm graß nachstierend, nach einer Pause)*. In die Hölle, wolltest du sagen – Wirklich? ich wittere so etwas – *(Wahnsinnig.)* Sind das ihre hellen Triller? hör' ich euch zischen, ihr Nattern des Abgrunds? – Sie dringen herauf – belagern die Thür – warum zag' ich so vor dieser bohrenden Spitze? – die Thür kracht – stürzt – unentrinnbar – Ha! so erbarm du dich meiner! *(Er reißt seine goldene Hutschnur ab und erdrosselt sich.)*

***Schweizer** mit seinen Leuten.*

Schweizer. Mordcanaille, wo bist du? – Saht ihr, wie sie flohen? – hat er so wenig Freunde? – Wohin hat sich die Bestie verkrochen?

Grimm *(stößt an die Leiche)*. Halt, was liegt hier im Weg? Zündet hieher –

Schwarz. Er hat das Prävenire gespielt. Steckt eure Schwerter ein, hier liegt er wie eine Katze verreckt.

Schweizer. Todt! was? todt? ohne mich todt? – Erlogen, sag' ich – Gebt Acht, wie hurtig er auf die Beine springt! – *(Rüttelt ihn.)* Heh du! Es gibt einen Vater zu ermorden.

Grimm. Gib dir keine Müh. Er ist maustodt.

Schweizer *(tritt von ihm weg)*. Ja! Er freut sich nicht – Er ist maustodt – Gehet zurück und saget meinem Hauptmann: Er ist maustodt – mich sieht er nicht wieder. *(Schießt sich vor die Stirn.)*

Zweite Scene

Der Schauplatz wie in der letzten Scene des vorigen Akts

*Der alte **Moor** auf einem Stein sitzend. **Räuber Moor** gegenüber. **Räuber** hin und her im Wald.*

R. Moor. Er kommt noch nicht? *(Schlägt mit dem Dolch auf einen Stein, daß es Funken gibt.)*

D. a. Moor. Verzeihung sei seine Strafe – meine Rache verdoppelte Liebe.

R. Moor. Nein, bei meiner grimmigen Seele! Das soll nicht sein. Ich will's nicht haben. Die große Schandthat soll er mit sich in die Ewigkeit hinüberschleppen! – Wofür hab' ich ihn dann umgebracht?

D. a. Moor *(in Thränen ausbrechend).* O mein Kind!

R. Moor. Was? – du weinst um ihn? – an diesem Thurme?

D. a. Moor. Erbarmung! o Erbarmung! *(Heftig die Hände ringend.)* Jetzt – jetzt wird mein Kind gerichtet!

R. Moor *(erschrocken).* Welches?

D. a. Moor. Ha! was ist das für eine Frage?

R. Moor. Nichts! nichts!

D. a. Moor. Bist du kommen, Hohngelächter anzustimmen über meinen Jammer?

R. Moor. Verrätherisches Gewissen! – Merket nicht auf meine Rede.

D. a. Moor. Ja, ich hab' einen Sohn gequält, und ein Sohn mußte mich wieder quälen, das ist Gottes Finger – O mein Karl! mein Karl! wenn du um mich schwebst im Gewand des Friedens! Vergib mir! oh vergib mir!

R. Moor *(schnell).* Er vergibt Euch. *(Betroffen.)* Wenn er's werth ist, Euer Sohn zu heißen – er muß Euch vergeben.

D. a. Moor. Ha! Er war zu herrlich für mich – Aber ich will ihm entgegen mit meinen Thränen, meinen schlaflosen Nächten, meinen quälenden

Träumen, seine Kniee will ich umfassen – rufen – laut rufen: Ich hab' gesündigt im Himmel und vor dir. Ich bin nicht werth, daß du mich Vater nennst.

R. Moor *(sehr gerührt)*. Er war Euch lieb, Euer andrer Sohn?

D. a. Moor. Du weißt es, o Himmel! Warum ließ ich mich doch durch die Ränke eines bösen Sohnes bethören? Ein gepriesener Vater ging ich einher unter den Vätern der Menschen. Schön um mich blühten meine Kinder voll Hoffnung. Aber – o der unglückseligen Stunde! – der böse Geist fuhr in das Herz meines zweiten: ich traute der Schlange – verloren meine Kinder beide. *(Verhüllt sich das Gesicht.)*

R. Moor *(geht weit von ihm weg)*. Ewig verloren!

D. a. Moor. Oh, ich fühl' es tief, was mir Amalia sagte, der Geist der Rache sprach aus ihrem Munde: Vergebens ausstrecken deine sterbenden Hände wirst du nach einem Sohn, vergebens wähnen zu umfassen die warme Hand deines Karls, der nimmermehr an deinem Bette steht –

R. Moor *(reicht ihm die Hand mit abgewandtem Gesicht)*.

D. a. Moor. Wärst du meines Karls Hand! – Aber er liegt fern im engen Hause, schläft schon den eisernen Schlaf, höret nimmer die Stimme meines Jammers – Weh mir! Sterben in den Armen eines Fremdlings – Kein Sohn mehr – Kein Sohn mehr, der mir die Augen zudrücken könnte –

R. Moor *(in der heftigsten Bewegung)*. Jetzt muß es sein – jetzt – Verlaßt mich *(zu den Räubern)*. Und doch – kann ich ihm denn seinen Sohn wieder schenken? Ich kann ihm seinen Sohn doch nicht mehr schenken – Nein! ich will's nicht thun.

D. a. Moor. Wie, Freund? Was hast du da gemurmelt?

R. Moor. Dein Sohn – ja, alter Mann – *(stammelnd)* dein Sohn – ist – ewig verloren.

D. a. Moor *(in der fürchterlichsten Beklemmung gen Himmel sehend)*. O nur diesmal! – laß meine Seele nicht matt werden – nur diesmal halte mich aufrecht!

D. a. Moor. Ewig, sagst du?

R. Moor. Frage nichts weiter! Ewig, sagt' ich.

D. a. Moor. Fremdling! Fremdling! Warum zogst du mich aus dem Thurme?

R. Moor. Und wie? – wenn ich jetzt seinen Sohn weghaschte – haschte, wie ein Dieb, und mich davon schlich' mit der göttlichen Beute? – Vatersegen, sagt man, geht niemals verloren.

D. a. Moor. Auch mein Franz verloren? –

R. Moor *(stürzt vor ihm nieder).* Ich zerbrach die Riegel deines Thurms – Gib mir deinen Segen!

D. a. Moor *(mit Schmerz).* Daß du den Sohn vertilgen mußtest, Retter des Vaters! – Siehe, die Gottheit ermüdet nicht im Erbarmen, und wir armseligen Würmer gehen schlafen mit unserm Groll. *(Legt seine Hand auf des Räubers Haupt.)* Sei so glücklich, als du dich erbarmest.

R. Moor *(weichmüthig aufstehend).* O – wo ist meine Mannheit? Meine Sehnen werden schlapp, der Dolch sinkt aus meinen Händen.

D. a. Moor. Wie köstlich ist's, wenn Brüder einträchtig beisammen wohnen, wie der Thau, der vom Hermon fällt auf die Berge Zion – Lern diese Wollust verdienen, junger Mann, und die Engel des Himmels werden sich sonnen in deiner Glorie. Deine Weisheit sei die Weisheit der grauen Haare, aber dein Herz – dein Herz sei das Herz der unschuldigen Kindheit.

R. Moor. O einen Vorgeschmack dieser Wollust. Küsse mich, göttlicher Greis!

D. a. Moor *(küßt ihn).* Denk', es sei Vaterskuß! so will ich denken, ich küsse meinen Sohn – Du kannst auch weinen?

R. Moor. Ich dacht', es sei Vaterskuß! – Weh mir, wenn sie ihn jetzt brächten!

Schweizers Gefährten treten auf im stummen Trauerzug mit gesenkten Häuptern und verhüllten Gesichtern.

R. Moor. Himmel! *(Tritt scheu zurück und sucht sich zu verbergen. Sie ziehen an ihm vorüber. Er sieht weg von ihnen. Tiefe Pause. Sie halten.)*

Grimm *(mit gesenktem Ton)*. Mein Hauptmann! *(Räuber Moor antwortet nicht und tritt weiter zurück.)*

Schwarz. Theurer Hauptmann! *(Räuber Moor weicht weiter zurück.)*

Grimm. Wir sind unschuldig, mein Hauptmann.

R. Moor *(ohne nach ihnen zu blicken)*. Wer seid ihr?

Grimm. Du blickst uns nicht an? Deine Getreuen.

R. Moor. Weh euch, wenn ihr mir getreu wart!

Grimm. Das letzte Lebewohl von deinem Knecht Schweizer – er kehrt nie wieder, dein Knecht Schweizer.

R. Moor *(aufspringend)*. So habt ihr ihn nicht gefunden?

Schwarz. Todt gefunden.

R. Moor *(froh emporhüpfend)*. Habe Dank, Lenker der Dinge! – Umarmet mich, meine Kinder! – Erbarmung sei von nun an die Losung – Nun wär' auch das überstanden – Alles überstanden.

Neue Räuber. Amalia.

Räuber. Heisa, heisa! Ein Fang, ein superber Fang!

Amalia *(mit fliegenden Haaren)*. Die Todten, schreien sie, seinen erstanden auf seine Stimme – mein Oheim lebendig – in diesem Wald – Wo ist er? Karl! Oheim! – Ha! *(Stürzt auf den Alten zu.)*

D. a. Moor. Amalia! Meine Tochter! Amalia! *(Hält sie in seinen Armen gepreßt.)*

R. Moor *(zurückspringend)*. Wer bringt dies Bild vor meine Augen?

Amalia *(entspringt dem Alten, springt auf den Räuber zu und umschlingt ihn entzückt)*. Ich hab' ihn, o ihr Sterne! Ich hab' ihn! –

R. Moor *(sich losreißend, zu den Räubern)*. Brecht auf, ihr! Der Erzfeind hat mich verrathen!

Amalia. Bräutigam, Bräutigam, du rasest! Ha! Vor Entzückung! Warum bin ich auch so fühllos, mitten im Wonnewirbel so kalt?

D. a. Moor *(sich aufraffend)*. Bräutigam! Tochter! Tochter! Ein Bräutigam?

Amalia. Ewig sein! Ewig, ewig, ewig mein! – Oh ihr Mächte des Himmels! Entlastet mich dieser tödtlichen Wollust, daß ich nicht unter der Bürde vergehe!

R. Moor. Reißt sie von meinem Halse! Tödtet sie! Tödtet ihn! mich! euch! Alles! Die ganze Welt geh zu Grunde! *(Er will davon.)*

Amalia. Wohin? was? Liebe – Ewigkeit! Wonn' – Unendlichkeit! und du fliehst?

R. Moor. Weg, weg! – Unglückseligste der Bräute! – Schau selbst, frage selbst, höre! – Unglückseligster der Väter! Laß mich immer ewig davon rennen!

Amalia. Haltet mich! Um Gotteswillen, haltet mich! – es wird mir so Nacht vor den Augen – Er flieht!

R. Moor. Zu spät! Vergebens! Dein Fluch, Vater! – frage mich nichts mehr! – ich bin, ich habe, – dein Fluch – dein vermeinter Fluch! – Wer hat mich hergelockt? *(Mit gezogenem Degen auf die Räuber losgehend.)* Wer von euch hat mich hiehergelockt, ihr Creaturen des Abgrunds? So vergeh denn, Amalia! – Stirb, Vater! Stirb durch mich zum dritten Mal! – Diese deine Retter sind Räuber und Mörder! Dein Karl ist ihr Hauptmann. *(Der alte Moor gibt seinen Geist auf.)*

Amalia *(steht stumm und starr wie eine Bildsäule. Die ganze Bande in fürchterlicher Pause)*.

R. Moor *(wider eine Eiche rennend).* Die Seelen derer, die ich erdrosselte im Taumel der Liebe – Derer, die ich zerschmetterte im heiligen Schlaf, Derer, – hahaha! Hört ihr den Pulverthurm knallen über der Kreißenden Stühlen? Seht ihr die Flammen schlagen an den Wiegen der Säuglinge? Das ist Brautfackel, das ist Hochzeitmusik – oh, er vergißt nicht, er weiß zu knüpfen – darum von mir die Wonne der Liebe! darum mir zur Folter die Liebe! das ist Vergeltung!

Amalia. Es ist wahr! Herrscher im Himmel! Es ist wahr! – Was hab' ich gethan, ich unschuldiges Lamm? Ich hab' Diesen geliebt!

R. Moor. Das ist mehr, als ein Mann erduldet. Hab' ich doch den Tod aus mehr denn tausend Röhren auf mich zupfeifen gehört und bin ihm keinen Fußbreit gewichen, woll ich jetzt erst lernen beben wie ein Weib? – Nein, ein Weib erschüttert meine Mannheit nicht – Blut, Blut! Es ist nur ein Anstoß vom Weibe – Blut muß ich saufen, es wird vorübergehen. *(Er will davon fliehn.)*

Amalia *(fällt ihm in die Arme).* Mörder! Teufel! Ich kann dich Engel nicht lassen.

R. Moor *(schleudert sie von sich).* Fort, falsche Schlange, du willst einen Rasenden höhnen, aber ich poche dem Tyrannen Verhängniß – Was, du weinst? O, ihr losen, boshaften Gestirne! Sie thut, als ob sie weine, als ob um mich eine Seele weine! *(Amalia fällt ihm um den Hals.)* Ha, was ist das? Sie speit mich nicht an, stößt mich nicht von sich – Amalia! hast du vergessen? Weißt du auch, wen du umarmest, Amalia?

Amalia. Einziger, Unzertrennlicher!

R. Moor *(aufblühend, in ekstatischer Wonne).* Sie vergibt mir, sie liebt mich! Rein bin ich, wie der Äther des Himmels, sie liebt mich! – Weinenden Dank dir, Erbarmer im Himmel! *(Er fällt auf die Kniee und weint heftig.)* Der Friede meiner Seele ist wiedergekommen, die Qual hat ausgetobt, die Hölle ist nicht mehr – Sieh, o sieh, die Kinder des Lichts weinen am Hals der weinenden Teufel – *(Aufstehend, zu den Räubern.)* So weinet doch auch! Weinet, weinet, ihr seid ja so glücklich – O Amalia!

Amalia! Amalia! *(Er hängt an ihrem Mund, sie bleiben in stummer Umarmung.)*

Ein Räuber *(grimmig hervortretend).* Halt ein, Verräther! – Gleich laß diesen Arm fahren – oder ich will dir ein Wort sagen, daß dir die Ohren quellen und deine Zähne vor Entsetzen klappern! *(Streckt das Schwert zwischen Beide.)*

Ein alter Räuber. Denk' an die böhmischen Wälder! Hörst du? zagst du? – an die böhmischen Wälder sollst du denken! Treuloser, wo sind deine Schwüre? Vergißt man Wunden so bald? Da wir Glück, Ehre und Leben in die Schanzen schlugen für dich, da wir standen wie Mauern, auffingen wie Schilder die Hiebe, die einem Leben galten, – hubst du da nicht deine Hand zum eisernen Eid auf, schwurst, *uns nie zu verlassen*, wie wir dich nicht verlassen haben? – Ehrloser! Treuvergessener! und du willst abfallen, wenn eine Metze greint?

Ein dritter Räuber. Pfui über den Meineid! Der Geist des geopferten *Rollers*, den du zum Zeugen aus dem Todtenreich zwangest, wird erröthen über deine Feigheit und gewaffnet aus seinem Grab steigen, dich zu züchtigen.

Die Räuber *(durcheinander, reißen ihre Kleider auf).* Schau her, schau! Kennst du diese Narben? Du bist unser! mit unserem Herzblut haben wir dich zum Leibeigenen angekauft, unser bist du, und wenn der Erzengel Michael mit dem Moloch ins Handgemenge kommen sollte! – Marsch mit uns! *Opfer um Opfer! Amalia für die Bande!*

R. Moor *(läßt ihre Hand fahren).* Es ist aus! – Ich wollte umkehren und zu meinem Vater gehn, aber der im Himmel sprach, es soll nicht sein. *(Kalt.)* Blöder Thor ich, warum wollt' ich es auch? Kann denn ein großer Sünder noch umkehren? Ein großer Sünder kann nimmermehr umkehren, das hätt' ich längst wissen können – Sei ruhig, ich bitte dich, sei ruhig! so ist's ja auch recht – Ich habe nicht gewollt, da er mich suchte; jetzt, da ich Ihn suche, will Er nicht; was ist billiger? – Rolle doch deine Augen nicht so – Er bedarf ja meiner nicht. Hat er nicht Geschöpfe die

Fülle? Einen kann er so leicht missen, und dieser Eine bin nun ich. – Kommt, Kameraden!

Amalia *(reißt ihn zurück).* Halt, halt! Einen Stoß! einen Todesstoß! Neu verlassen! Zeuch dein Schwert und erbarme dich!

R. Moor. Das Erbarmen ist zu den Bären geflohen, – ich tödte dich nicht!

Amalia *(seine Kniee umfassend).* O, um Gottes willen, um aller Erbarmungen willen! Ich will ja nicht Liebe mehr, weiß ja wohl, daß droben unsere Sterne feindlich von einander fliehen – Tod ist meine Bitte nur. – Verlassen, verlassen! Nimm es ganz in seiner entsetzlichen Fülle, verlassen! Ich kann's nicht überdulden. Du siehst ja, das kann kein Weib überdulden. Tod ist meine Bitte nur! Sieh, meine Hand zittert! Ich habe das Herz nicht, zu stoßen. Mir bangt vor der blitzenden Schneide – dir ist's ja so leicht, so leicht, bist ja Meister im Morden, zeuch dein Schwert, und ich bin glücklich!

R. Moor. Willst du allein glücklich sein? Fort, ich tödte kein Weib!

Amalia. Ha, Würger! du kannst nur die Glücklichen tödten, die Lebenssatten gehst du vorüber. *(Kriecht zu den Räubern.)* So erbarmet euch meiner, ihr Schüler des Henkers! – Es ist ein so blutdürstiges Mitleid in euren Blicken, das dem Elenden Trost ist – euer Meister ist ein eitler, feigherziger Prahler.

R. Moor. Weib, was sagst du? *(Die Räuber wenden sich ab.)*

Amalia. Kein Freund? Auch unter diesen nicht ein Freund? *(Sie steht auf.)* Nun denn, so lehre mich Dido sterben! *(Sie will gehen, ein Räuber zielt.)*

R. Moor. Halt! Wag' es – Moors Geliebte soll nur durch Moor sterben! *(Er ermordet sie.)*

Die Räuber. Hauptmann! Hauptmann! Was machst du? Bist du wahnsinnig geworden?

R. Moor *(auf den Leichnam mit starrem Blick).* Sie ist getroffen! Dies Zucken noch, und dann wird's vorbei sein – Nun, seht doch! Habt ihr noch was zu fordern? Ihr opfertet mir ein Leben auf, ein Leben, das schon nicht mehr euer war, ein Leben voll Abscheulichkeit und Schande – Ich hab' euch einen Engel geschlachtet. Wie, seht doch recht her! Seid ihr nunmehr zufrieden?

Grimm. Du hast deine Schuld mit Wucher bezahlt. Du hast gethan, was kein Mann würde für seine Ehre thun. Komm jetzt weiter!

R. Moor. Sagst du das? Nicht wahr, das Leben einer Heiligen um das Leben der Schelmen, es ist ungleicher Tausch? – O ich sage euch, wenn Jeder unter euch aufs Blutgerüste ging' und sich ein Stück Fleisch nach dem andern mit glühenden Zangen abzwicken ließ', daß die Marter eilf Sommertäge dauerte, es wöge diese Thränen nicht auf. *(Mit bitterem Gelächter.)* Die Narben, die böhmischen Wälder! Ja! ja, dies mußte freilich bezahlt werden.

Schwarz. Sei ruhig, Hauptmann! Komm mit uns, der Anblick ist nicht für dich. Führe uns weiter.

R. Moor. Halt – noch ein Wort, eh wir weiter gehn – Merket auf, ihr schadenfrohen Schergen meines barbarischen Winks – Ich höre von diesem *Nun* an auf, euer Hauptmann zu sein – Mit Scham und Grauen leg' ich hier diesen blutigen Stab nieder, worunter zu freveln ihr euch berechtigt wähntet und mit Werken der Finsterniß dies himmlische Licht zu besudeln – Gehet hin zur Rechten und Linken – Wir wollen ewig niemals gemeine Sache machen.

Räuber. Ha, Muthloser! wo sind deine hochfliegenden Plane? Sind's Seifenblasen gewesen, die beim Hauch eines Weibes zerplatzen?

R. Moor. O über mich Narren, der ich wähnete, die Welt durch Gräuel zu verschönern und die Gesetze durch Gesetzlosigkeit aufrecht zu halten! Ich nannte es Rache und Recht – Ich maßte mich an, o Vorsicht, die Scharten deines Schwerts auszuwetzen und deine Parteilichkeit gut zu machen – aber – o eitle Kinderei – da steh' ich am Rand eines entsetzlichen Lebens und erfahre nun mit Zähnklappern und Heulen, daß *zwei Menschen, wie ich, den ganzen Bau der sittlichen Welt zu Grund* *richten würden.* Gnade – Gnade dem Knaben, der *Dir* vorgreifen wollte – *Dein* eigen allein ist die Rache. *Du* bedarfst nicht des Menschen Hand. Freilich steht's nun in meiner Macht nicht mehr, die Vergangenheit einzuholen – Schon bleibt verdorben, was verdorben ist – was ich gestürzt habe, steht ewig niemals mehr auf – Aber noch blieb mir etwas übrig, womit ich die beleidigten Gesetze versöhnen und die mißhandelte Ordnung wiederum heilen kann. Sie bedarf eines Opfers – eines Opfers, das ihr unverletzbare Majestät vor der ganzen Menschheit entfaltet – diese Opfer bin ich selbst. Ich selbst muß für sie des Todes sterben.

Räuber. Nehmt ihm den Degen weg – er will sich umbringen.

R. Moor. Thoren ihr! zu ewiger Blindheit verdammt! Meinet ihr wohl gar: eine Todtsünde werde das Äquivalent gegen Todsünden sein? Meinet ihr, die Harmonie der Welt werde durch diesen gottlosen Mißlaut gewinnen? *(Wirft ihnen seine Waffen verächtlich vor die Füße.)* Er soll mich lebendig haben. Ich geh', mich selbst in die Hände der Justiz zu überliefern.

Räuber. Legt ihn in Ketten! Er ist rasend worden.

R. Moor. Nicht, als ob ich zweifelte, sie werde mich zeitig genug finden, wenn die obern Mächte es so wollen. Aber sie möchte mich im Schlaf überrumpeln, oder auf der Flucht ereilen, oder mit Zwang und Schwert umarmen; und dann wäre mir auch das einige Verdienst entwischt, daß ich mit Willen für sie gestorben bin. Was soll ich, gleich einem Diebe, ein Leben länger verheimlichen, das mir schon lang im Rath der himmlischen Wächter genommen ist?

Räuber. Laßt ihn hinfahren! Es ist die Großmannsucht. Er will sein Leben an eitle Bewunderung setzen.

R. Moor. Man könnte mich darum bewundern. *(Nach einigem Nachsinnen.)* Ich erinnere mich, einen armen Schelm gesprochen zu haben, als ich herüberkam, der im Taglohn arbeitet und eilf lebendige Kinder hat – Man hat tausend Louisd'ore geboten, wer den großen Räuber lebendig liefert. Dem Mann kann geholfen werden. *(Er geht ab.)*